# Solosofia

# NIKA VÁZQUEZ SEGUÍ

# Solosofia

*A arte de se sentir completo e
desfrutar a vida em sua própria companhia*

*Tradução*
Luís Carlos Cabral

1ª edição

Rio de Janeiro | 2023

**TÍTULO ORIGINAL**
*Solosofía: El arte de sentirse completo y disfrutar de la vida en solitario*

**TRADUÇÃO**
Luís Carlos Cabral

**DESIGN DE CAPA**
Renata Vidal

---

CIP-BRASIL. CATALOGAÇÃO NA PUBLICAÇÃO
SINDICATO NACIONAL DOS EDITORES DE LIVROS, RJ

---

V498s   Vázquez Seguí, Nika
        Solosofia : a arte de se sentir completo e desfrutar a vida em sua
        própria companhia / Nika Vázquez Seguí ; tradução Luís Carlos
        Cabral. - 1. ed. - Rio de Janeiro : BestSeller, 2023.

        Tradução de: Solosofía: el arte de sentirse completo y disfrutar de la
        vida en solitario
        ISBN 978-65-5712-252-5

        1. Amor próprio (Psicologia). 2. Autoestima. 3. Emoções. 4. Solidão.
        I. Cabral, Luís Carlos. II. Título.

22-81623                              CDD: 158.1
                                      CDU: 159.923.2

Gabriela Faray Ferreira Lopes - Bibliotecária - CRB-7/6643

---

Texto revisado segundo o novo Acordo Ortográfico da Língua Portuguesa.

Copyright © del texto: Nika Vázquez Seguí, 2022.
Translation rights arranged by Sandra Bruna Agencia Literaria, SL.
All rights reserved.

Copyright da tradução © 2023 by Editora Best Seller Ltda.

Todos os direitos reservados. Proibida a reprodução,
no todo ou em parte, sem autorização prévia por escrito da editora,
sejam quais forem os meios empregados.

Direitos exclusivos de publicação em língua portuguesa para o Brasil
adquiridos pela
EDITORA BEST SELLER LTDA.
Rua Argentina, 171, parte, São Cristóvão
Rio de Janeiro, RJ — 20921-380
que se reserva a propriedade literária desta tradução.

---

Impresso no Brasil

ISBN 978-65-5712-252-5

Seja um leitor preferencial Record.
Cadastre-se e receba informações sobre nossos lançamentos e nossas promoções.

Atendimento e venda direta ao leitor:
sac@record.com.br

# CONTEÚDO

| | |
|---|---|
| Prólogo: A felicidade do solista de jazz | 7 |

## 1. A MULTIFACETADA ARTE DE ESTAR SOZINHO — 13

| | |
|---|---|
| O que é solosofia? | 15 |
| Estar sozinho não é se sentir sozinho | 26 |
| A receita de Pascal | 34 |

## 2. O AMOR NÃO É SOMENTE ALGO A DOIS — 43

| | |
|---|---|
| Esse "alguém" que você está procurando é você mesmo | 45 |
| Não se divorcie de si mesmo | 54 |
| Primeira solteirice | 63 |
| Transição entre parceiros | 72 |
| Uma solidão escolhida na velhice | 84 |

## 3. VIVER OS CINCO SENTIDOS — 97

| | |
|---|---|
| Paladar: "Mesa para um, por favor" | 103 |
| Tato: emoções à flor da pele | 111 |
| Audição: a música da vida | 117 |
| Visão: a felicidade entra pelos olhos | 123 |
| Olfato: viagem ao centro da memória | 130 |

**4. CONVIVER SEM DESISTIR**     137
Seu jardim secreto     140
A família vai bem, obrigado     146
Amigos para quase sempre     154
Feliz dentro e fora do escritório     163

**5. PRIMEIROS SOCORROS DA SOLOSOFIA**     171
Romances     173
Filmes     177
Canções     181

Epílogo: Os 10 segredos dos solósofos     187
Agradecimentos     189

# PRÓLOGO
## A FELICIDADE DO SOLISTA DE JAZZ

Imagine que você está no palco de um clube de jazz, aconchegante e agradável, sentado ao piano. Ao longo de toda a canção, você se manteve em harmonia com os demais músicos da banda. Cada um fez seu trabalho e você se concentrou para não sair do tom nem perder o ritmo.

Então chega o seu momento. Os outros músicos deixam que seus instrumentos passem a um segundo plano e lhe dão o protagonismo. Você fecha os olhos e permite que suas mãos corram pelo teclado, descobrindo novas harmonias e variações. Você não tem pressa. Está feliz, conectado consigo mesmo e com esse instrumento que é a sua vida, no estado que Mihaly Csikszentmihalyi chama de *flow*.

Quando seu solo termina, você recebe muitos aplausos, mas continua tocando e desfrutando a música. Depois de encerrar o concerto, você se despede de seus companheiros de banda, cumprimenta algumas pessoas do público e vai andando para casa.

Você atravessa as ruas com as mãos nos bolsos, como James Dean na famosa fotografia, enquanto relembra os melhores momentos do concerto. Você está feliz e tem muitas ideias novas que quer desenvolver nos próximos ensaios e apresentações.

Uma vez em seu apartamento, você desaba no sofá e bebe uma limonada natural bem gelada que preparou à tarde e deixou na geladeira para beber à noite. Enquanto observa a cidade pela janela, responde a algumas mensagens de pessoas que estiveram no concerto. Você lhes agradece pela gentileza. Também responde a alguns amigos: um quer tomar um café para falar de um projeto, o outro sugere ir ao cinema e depois jantar para comentar o filme.

Você desliga o celular e vai para a cama. Foi um dia longo e cheio de emoções. Você agradece por ter uma cama de casal e poder se mexer e se esticar à vontade. E logo adormece.

A luz radiante da manhã o desperta. Você vai para o chuveiro e, quando o jato quente gentilmente envolve todo o seu corpo, uma nova variação soa em sua mente, muito suave e original, a qual você decide tentar no próximo concerto. Também lhe ocorre um novo exercício para levar às aulas do dia no conservatório.

Você veste uma roupa leve e prepara o café da manhã a seu gosto, com um disco que o deixe de bom humor tocando a todo o volume.

Enquanto toma o café, forte e puro, do jeito que você gosta, repassa tudo o que tem que fazer hoje. É muita coisa, mas está se sentindo cheio de energia. Você ama a vida. Tem o controle de seu tempo, de seus erros e acertos, e isso o deixa feliz.

## PRÓLOGO

Você sai de casa com o entusiasmo de um viajante que chega a uma cidade desconhecida. Que surpresas e descobertas lhe esperam no dia de hoje? Quem vai conhecer? A vida é uma aventura emocionante!

O espírito deste solista não é exclusivo dos músicos de jazz. Está ao alcance de qualquer pessoa, independentemente de talento ou profissão, já que está sujeito, sobretudo, ao contexto de sua existência — ou seja, de como decide encará-la e vivê-la.

A missão deste livro, entre outras coisas, é desmistificar diversas ideias equivocadas. E uma delas é que na solidão não se desfruta a vida.

Todos nós conhecemos pessoas que vivem mal, em relacionamentos cheios de atritos, ressentimentos ou puro tédio. E não me refiro apenas a relacionamentos românticos. Também existem grupos de amigos que se sustentam por costume e pela rotina; ou familiares que se sentem na obrigação de visitar os parentes, sem entusiasmo algum, e com toda a consciência e culpa sobre os ombros se em algum domingo não os visitam.

O que isso tem a ver com realização pessoal? Nada.

Estar feliz e satisfeito não depende de quem está a seu lado, e sim de como você trata a si mesmo. Se você vive de forma coerente com seus ideais, respeitando e cuidando de si mesmo, se não se conforma com uma existência monótona e repetitiva, então "sua é a Terra e tudo o que há nela", como dizia Rudyard Kipling em seu poema "If".

Existem muitas teorias sobre o que uma pessoa precisa, e, como psicóloga com mais de 15 anos de experiência, vi todo tipo de situação. No entanto, a maioria das pessoas esquece que o destino é individual e exclusivo. Você é o único responsável pela qualidade da sua vida. Ninguém pode vir salvá-lo e, pela mesma razão, ninguém pode arruinar sua existência sem que você permita.

A solosofia é a arte de se sentir completo e desfrutar a vida na solidão.

Por isso, ao longo deste livro vamos aprender a:

- descartar preconceitos e ideias falsas sobre como alguém deve viver e se relacionar;
- assumir o controle do próprio destino, sem depender de qualquer coisa que não sejam suas decisões e escolhas;
- encarar a existência com humor, obstinação e amor-próprio;
- conectar-se com os próprios desejos e prioridades a fim de ter em si mesmo um melhor amigo;
- construir sua autoestima a partir do desenvolvimento de suas capacidades e do que você quer fazer no mundo.

Uma lição preliminar da solosofia é que "estar sozinho não é o mesmo que se sentir sozinho". Em inglês há uma importante diferença entre dois conceitos: *loneliness* e *solitude*. O primeiro se refere à solidão não desejada, à carência e à tristeza. O segundo é um estado escolhido porque você quer ser dono de seu tempo e espaço, e priorizou a criatividade e a livre interação com os outros.

## PRÓLOGO

Meu objetivo é que, quando chegar ao fim deste livro, você seja um excelente solista em todos os palcos da vida. Para conseguir chegar lá, este guia prático vai lhe dar as ferramentas para crescer e desfrutar sem apegos nem renúncias.

Dizia Cícero: "Nunca estou menos só do que quando estou só." Lógico, você tem a si mesmo. E por acaso existe melhor companhia?

Seja bem-vindo a este curso de solosofia!

# 1

## A MULTIFACETADA ARTE DE ESTAR SOZINHO

# O QUE É SOLOSOFIA?

Se está lendo estas linhas é porque você ou alguém que o conhece considerou que este livro era para você. Talvez porque seja um solósofo e ninguém tenha lhe contado até agora, ou talvez porque sua vida esteja excessivamente apegada, atrelada e misturada à das outras pessoas, e você precise tomar consciência desta nova filosofia de vida.

Seja qual for o motivo, você tem nas mãos um manual, um roteiro para curtir a si mesmo como jamais havia pensado que poderia e em situações que jamais imaginara.

A definição de "solosofia" poderia ser expressa como a arte e a sabedoria de se sentir completo e desfrutar a vida em estado de solidão.

Assim como Erich Fromm revolucionou o conceito de amor ao descrevê-lo como uma arte que devemos praticar e tentar aperfeiçoar no dia a dia, a arte de desfrutar a vida em estado de solidão não é algo que surge de repente, da noite para o dia, e menos ainda se você nunca sentiu a necessidade de fazê-lo. Para isso, no fim de cada capítulo, você vai encontrar alguns exercícios que vão ajudá-lo a se conhecer um pouco melhor de fora para dentro e a desenvolver esta arte revolucionária.

Antes de continuar, é importante destacar a diferença entre um ser solósofo e um ser solitário. Uma pessoa solitária não precisa da presença dos outros na vida nem desfruta a própria companhia, não gosta de compartilhar seus interesses, passatempos ou gostos. Sempre procura espaços e lugares isolados, e a mera presença de outra pessoa já a desagrada ou a coloca em alerta.

Um solósofo, no entanto, é uma pessoa que desfruta uma vida desacompanhada, contando apenas com a própria companhia. Tem relacionamentos saudáveis e compartilha com seus entes queridos suas inquietações, curiosidades e histórias engraçadas. Também é uma pessoa que sabe se ouvir. Conhece a si mesmo muito bem e sabe do que precisa em cada momento; para isso, busca os próprios espaços e o próprio ritmo, respeitando-se e cuidando de si com gentileza e carinho.

Outra qualidade de uma pessoa que está alinhada com a solosofia é a de não presumir nada ou definir alguém com base em preconceitos, seja essa pessoa você mesmo, seja qualquer outra. Em muitas ocasiões, nos vemos travados ou inibidos na hora de tomar decisões devido à preocupação com "o que os outros vão dizer". Provavelmente haverá quem opine ou julgue o que você fizer, mas é você quem vive as experiências e quem as leva consigo. Ninguém está na sua pele (como veremos no Capítulo 3), ninguém sabe como você se sente ou do que precisa mais do que você mesmo.

No processo de buscar a felicidade e senti-la nas pequenas ações cotidianas que você for incorporando, trabalharemos para descobrir do que você precisa e como fazer para que não se sinta culpado diante do que os outros digam ou opinem.

Decidir adotar um estilo de vida só seu é assumir que vai refletir e decidir por si mesmo o que quer fazer com as horas do seu dia, com a sua vida. Isso pode não ser compreendido pela grande maioria das pessoas.

Em seu ensaio "A expulsão do outro", Byung-Chul Han se refere ao mal-estar que implica seguir o comportamento da maioria, deixando de lado a própria natureza, aquilo que nos torna autênticos. O filósofo coreano considera que seguir essa tendência cordial é um mal desta sociedade e o início de muitas das psicopatologias que vivemos hoje em dia.

Não se trata de seguir modas, normas, estereótipos ou tendências. O objetivo da solosofia é que você aprenda a se conectar mais com sua essência, com quem você realmente é, e decida por si mesmo até onde quer ir.

## Dedicar tempo a si mesmo

Você finaliza o dia de trabalho. Desliga o computador, recolhe as coisas do escritório ou da loja, apaga as luzes, fecha a porta e vai para casa. Antes, porém, passa no supermercado para comprar os itens que estão anotados em uma lista. Você então chega em casa, cumprimenta os filhos e o esposo ou a esposa e conta como foi seu dia enquanto prepara o jantar. Ao acabarem de comer, todos vão para os respectivos quartos e, finalmente, você se senta no sofá. É o momento de conferir as redes sociais, as conversas com os amigos e as mensagens que chegaram durante o dia e você não pôde ler com calma. E, quando o sono bate, você vai dormir.

E é assim dia após dia, durante meses, que se transformam em anos.

Até que chega um momento em que, sem saber bem como nem por quê, você sente que o tédio, o cansaço e a falta de vontade vão invadindo seu corpo até o fundo das entranhas, dentro da alma. Você sente que a vida está escapando e você não a saboreou, não a sentiu. Percebe que não "sentou para se sentir" nem um momento sequer em todos esses anos.

Quando estamos imersos no turbilhão do dia a dia, é quase impossível encontrarmos um momento para dedicar a nós mesmos. O urgente toma todo o nosso tempo e nos esquecemos do que é importante. Quando isso passa, a insatisfação e o mal-estar emocional aparecem, como diz Stephen Covey.

Descubro, com frequência, que não somos capazes de diferenciar o que é importante e o que é urgente em nossa vida ou na dos outros. Costumamos vestir o uniforme de bombeiro e nos dedicar a apagar incêndios, a cumprir prazos com noites sem dormir e a cobrir as necessidades dos outros. Viver assim nos leva a um estado de transbordamento, sem tempo para pensar sequer em qual é a melhor maneira de cuidarmos do que é necessário e resolver a questão.

Esquecer de nós mesmos e colocar o urgente na frente do importante é nos esquecer do que é essencial em nossa vida: nosso bem-estar.

A solosofia convida você a continuar vivendo em harmonia com os outros sem desistir nem hipotecar seus espaços e tempos. Em resumo, ela o ensina que para ser feliz é importante encontrar um equilíbrio entre o que você dá aos outros e o que dá a si mesmo.

## Ou você é solósofo ou é juiz

Quando comentava com Anna Periago, minha editora, sobre a criação deste livro, falávamos das dificuldades as quais as pessoas encontram para levar a cabo a solosofia.

Concordávamos que uma delas eram os preconceitos com relação a se fazer as coisas sozinho.

No entanto, há certas coisas que fazemos sozinhos que são socialmente aceitas e compreendidas. Por exemplo, ir ao cinema sozinho parece já ser algo que aos poucos integramos em nossa consciência e não estranhamos ouvir que alguém foi ao cinema assistir a um filme que lhe interessava sem companhia.

É provável que no início nossa mente faça questionamentos como "Você não conseguiu encontrar ninguém que quisesse acompanhá-lo?", ou "O filme era tão esquisito assim?". No entanto, calamos esse diálogo interno e assumimos, por exemplo, que temos horários caóticos, e conciliá-los com os de alguém pode ser complicado. Está bem, então ir ao cinema sozinho já não nos parece estranho, nem fazer isso nem ouvir que outros o fazem.

O mesmo, contudo, não acontece com outras atividades, como ir ao teatro, comer em um bom restaurante ou viajar. Quando ouvimos que alguém fez uma dessas coisas sozinho, arregalamos os olhos espantados; certa sensação de pavor, vergonha e medo nos invade ao nos imaginar nessa situação.

O que nos faz julgar como válidas, apropriadas ou aceitáveis e outras, em contrapartida, nos pareçam chocantes? O que faz com que só de nos imaginar fazendo algo nossa mente rejeite a ideia?

A resposta nos leva frequentemente à mesma resposta: o preconceito. A Real Academia da Língua Espanhola define "preconceito" como uma opinião prévia e enraizada, em geral desfavorável, sobre algo que se conhece mal.

Prejulgamos continuamente sem saber e sem conhecer. Isso é inegável. A diferença entre uma crença limitante e uma crença de abertura são as vivências, os aprendizados e os esquemas mentais que temos em nossa mente.

Dividimos o mundo entre o bem e o mal, entre o que é aceitável e o que não é. Esta maneira de classificar a vida em dois extremos é provavelmente uma herança da tradição judaico-cristã que temos enraizada em nossa moral e em nosso modo de agir. Se você faz o bem, vai para o céu, e se você faz o mal, vai para o inferno. O céu é entendido como harmonia, companhia, felicidade e serenidade; em comparação, o inferno é visto como o caos, a solidão, o abandono e o sofrimento.

Viver a partir dessa dicotomia, embora torne a vida mais simples, nos limita enormemente na hora de aceitar o mundo, assim como na tomada de decisões, pois tudo o que fazemos se reduz ao que é "certo" ou "errado". Em minha opinião esse reducionismo é extremamente irreal. Nem tudo na vida é simplesmente certo ou errado, divertido ou vergonhoso, branco ou preto. De fato, para explicar este ponto no consultório, costumo dizer que as 24 horas do dia não são catalogadas como luz ou escuridão. Se nos limitarmos a isso, perderemos os amanheceres e entardeceres que, para mim, são os momentos mais especiais e mágicos do dia, os que mais me fascinam e mais desfruto observando.

Pois bem, então como podemos deixar de ser juízes de nossa vida e da dos outros? Como deixar de lado os preconceitos e aprender a ser mais tolerantes e solósofos? A teoria parece simples, mas é hora de colocá-la em prática nos âmbitos da vida em que podemos encontrar dificuldade. Proponho um exercício para que você pratique o que foi aprendido: a arte de desfrutar os meios-termos, em que tudo é válido.

## O medo nem sempre é um bom conselheiro
Quem pode limitar o que você pode ou não fazer é você mesmo e mais ninguém. Por mais que os outros lhe digam como é sair de férias sem seu parceiro ou sua parceira, ou dedicar duas tardes da semana a fazer as atividades que você quiser sem cuidar dos filhos, só você sabe se vai permitir que esses comentários o limitem ou se vai deixá-los passar, sem lhes dar maior importância.

## EXERCÍCIO: BRANCO, PRETO E TODAS AS OUTRAS CORES

Considerando que os preconceitos costumam ser pensamentos baseados na falta de informação, na inexperiência e nos extremos, vamos trabalhar, com este exercício, em ter uma mente mais aberta, tolerante e ajustada à realidade.

Para isso, convido você a pensar em uma ideia que para você seja irremovível e exata. Comece com pensamentos que emocionalmente não pesem muito para você. Pode ser algo como "não gosto de dias chuvosos".

Então, pense que circunstâncias seriam propícias para que desfrutasse, por exemplo, um dia de chuva: escolher com quem passar esse dia, tomar consciência de que em casa você poderia fazer coisas que geralmente não faz por falta de tempo, como ler ou cozinhar, pensar que essa água que cai cumpre uma função na natureza...

É provável que os dias ensolarados continuem sendo seus preferidos, mas o estado de espírito com o qual você vai enfrentar os dias de chuva será diferente se for capaz de ver tudo o que trazem para sua vida. Em resumo, não se trata de mudar seus gostos, mas, sim, de ter a mente aberta e ágil para aceitar a realidade e usá-la a seu favor a fim de que seu estado de espírito não dependa do que acontece fora de você, ou não dependa das limitações que você coloque.

Voltemos ao tema dos preconceitos, que, por definição e na prática, são limitantes. Quando opinamos ou julgamos, o fazemos sempre a partir da nossa experiência, dos nossos valores e, por que não, dos nossos medos. Estes são, sem a menor dúvida, o inimigo número um de viver genuinamente a solosofia.

Ao fim e ao cabo, os medos são fiéis guardiões e protetores da nossa vida, pois sua função é nos avisar e colocar em alerta para ameaças que estão por vir, reais ou fictícias, as quais nossa mente interpreta com a informação de que dispõe.

Não se trata de viver sem medo. Trata-se de dar aos medos o valor que eles têm e usá-los para prevenir de maneira emocional ou prática essas possíveis ameaças que tanto nos acovardam.

Então, diante do medo do que as pessoas vão pensar se você for ao teatro sozinho, que pode fazê-lo ficar em casa com vontade de desfrutar o espetáculo, o recurso para combatê-lo é pensar que vamos ao teatro para ver uma obra, não para fiscalizar quem vai acompanhado de quem.

O senso de humor é um grande aliado dos solósofos. O recurso psicológico da redução ao absurdo não pode faltar entre as estratégias que o ajudem a vencer os medos e a alcançar seus objetivos.

Você talvez pense que não tem senso de humor ou uma mente ágil para responder nos momentos em que é questionado se leva uma vida de solósofo. Como toda arte, esta demanda tempo e prática, assim como treinamento.

Você pode começar com alguns exercícios de visualização e se imaginar em uma situação na qual vá sozinho a algum lugar e que alguém o questione ou julgue por isso. Na calma do entorno seguro em que está, e sem a pressa de ter que dar uma resposta imediata, medite sobre o que gostaria de responder nesse caso. Pratique essa resposta quantas vezes precisar, até que sua mente a sinta como uma resposta natural e automática.

Quando temos certeza do que queremos e somos fiéis a nós mesmos, os medos dos outros perdem faça diante de nós. Porque enfim compreendemos que são as ideias deles que os limitam. São os medos que têm que tentam nos proteger de perigos que nós mesmos não enxergamos nem sentimos.

Portanto, quando você aprender a viver sem medo e sem preconceitos em relação a você e aos outros, estará avançando na arte de viver de acordo com suas necessidades, de ser coerente com o que sente, pensa e faz, ou seja, estará se desenvolvendo como solósofo.

## EXEMPLOS DE RESPOSTAS DIANTE DO MEDO BASEADAS NO SENSO COMUM

**Alguém:** Você veio ao show sozinho?

**Você:** Vim, sim. Descobri que não há motivo para comprar dois ingressos se quero ver meu artista preferido. Que bom, não é?

**Alguém:** Você vai viajar sozinha? Não tem medo de que alguma coisa aconteça?

**Você:** É o mesmo medo que posso ter ao passear pela cidade sozinha.

**Essa mesma pessoa:** Mas você não fala a língua de lá, não é?

**Você:** É verdade, mas a linguagem dos gestos é universal e aprendi que o que faz a gente se entender com os outros é a vontade e o interesse, não falar a mesma língua.

## ESTAR SOZINHO NÃO É SE SENTIR SOZINHO

Em inúmeras ocasiões, experimentamos a sensação de estar cercados de gente e nos sentir sozinhos. Inclusive é até provável que tenhamos sentido necessidade de querer ir embora de um determinado lugar, pois algo estava nos travando por dentro, um mal-estar difícil de definir.

Como é possível, no entanto, que, cercados de gente, de nossos amigos, conhecidos ou familiares, nos sintamos sozinhos?

Vejamos a situação oposta. É provável que você tenha estado em situações nas quais não tinha pessoa alguma a seu lado, momentos em que não se conectou durante horas com ninguém, nem de modo físico nem virtual. No entanto, você não se sentia sozinho.

Se os preconceitos eram a resposta a não se atrever a fazer o que você quer por se preocupar com o que vão dizer, a conexão é a resposta à sensação de companhia ou de solidão tão amarga que às vezes experimentamos mesmo cercados de gente.

Quando falamos de conexão me refiro à sensação de estar em harmonia consigo mesmo, por um lado, e com o entorno, por outro.

Lembro-me de quando em uma consulta Juan Carlos me disse que tinha medo de ficar sozinho. Com 32 anos, havia emendado dois longos relacionamentos. E agora estava por conta própria, e não sabia bem como se desenvolver.

— *Juan Carlos, o que mais assusta você em relação a estar sozinho?*

*— Pela minha trajetória, você poderia dizer que é não voltar a estar num relacionamento, ou estar há muito tempo sem um. Mas não, não é nada disso. O que mais me aterroriza agora é me conhecer.*

*— Você tem mais de 30 anos. Acha que não se conhece?*

*— Não é que eu ache. Tenho certeza de que não me conheço. Fui sempre o que os outros queriam que eu fosse e, agora mesmo, não sei quem sou, como sou na realidade. O que mais temo é não gostar de mim mesmo. E se eu não gostar da pessoa que descobrir que sou? E se eu for tudo aquilo no que sempre temi me transformar?*

O vínculo mais importante que devemos estabelecer na vida não é com nosso parceiro ou nossa parceira, nem sequer com nossos pais ou nossos filhos. Eles podem nos acompanhar ao longo da vida, às vezes por mais tempo e outras vezes de maneira pontual e menos significativa. O mesmo acontece com os amigos, mas a conexão que estabelecermos com nós mesmos vai durar toda a vida. Por isso é tão importante trabalhar nessa harmonia sentida de fora para dentro.

Conexão. Harmonia. Vínculo. São conceitos que relacionamos com a comunicação e as relações com os outros. Cuidamos desses aspectos porque nos importamos com a pessoa que está diante de nós e com o laço que nos une a ela.

No entanto, a comunicação que estabelecemos com nós mesmos é igualmente importante. Dependendo de como ela for, vai fazer com que a sensação de solidão seja vivida como uma experiência amarga, ou como o lugar para onde sempre queremos voltar para nos conectar com nossa essência.

## Modo autoconexão *on*

Os gurus da saúde emocional não param de repetir que é importante se desconectar: do celular, das notícias, das redes sociais, até das amizades... Para que tanta desconexão?

No entanto, o que não se costuma acrescentar, e é essencial para entender tanta insistência, é justamente que se desconectar dos estímulos externos nos leva a estabelecer uma conexão com nossa essência.

Ela nos define, nos diz quem somos, como estamos, o que queremos e até onde desejamos ir. Resumindo, a essência é a base de todas essas perguntas transcendentais que costumamos nos fazer e cujas respostas nos ajudam a nos conhecer melhor, a mudar esses aspectos de nós mesmos e de nossa relação com o entorno que gostaríamos de melhorar, e a tomar decisões alinhadas com o que realmente queremos.

É surpreendente a quantidade de pessoas que vejo no consultório que não conhecem a si mesmas. Costumo sugerir o exercício a seguir, que você também pode fazer depois.

## EXERCÍCIO: E VOCÊ, QUEM É?

Pegue um papel e uma caneta. Pense em uma pessoa querida (pode ser seu parceiro ou sua parceira, seu pai, sua sobrinha, seu amigo de alma etc.). Em seguida, enumere dez qualidades dessa pessoa. Não pense muito, só tenha essa pessoa em mente e a defina.

Agora que você tem as dez qualidades, faça exatamente o mesmo com você. Tente se descrever. É possível que passe pela sua cabeça a pergunta: "Mas coisas positivas ou negativas?" Vale tudo, nada é positivo ou negativo.

É provável que a segunda parte do exercício tenha sido mais difícil do que a primeira, pois costumamos conhecer mais os outros do que a nós mesmos. Também ficou mais em dúvida se colocava mais características positivas ou negativas, não é mesmo?

O objetivo desse exercício, como eu dizia, é percebermos como dedicamos pouco tempo a saber como somos em comparação ao tempo que dedicamos a conhecer os outros.

Júlio Verne dizia que "a viagem mais maravilhosa não é ao centro da Terra ou aos confins do Universo, mas ao fundo de si próprio".

## O que significa estar sozinho

Estar sozinho não tem o mesmo significado para todo mundo. Cada um interpreta e considera esse estado em função das próprias experiências e do modo de vivê-las. Dependendo da nossa visão da realidade, o significado que daremos ao que nos acontece e ao que sentimos vai ganhar um matiz ou outro.

É óbvio que os preconceitos em relação a esse assunto também têm um papel significativo em nossa construção mental e emocional. Por isso é importante passá-los pelo scanner da realidade e avaliar o significado que as coisas têm para nós mesmos. Neste caso nos referimos à solidão.

Vejo que atualmente a solidão é entendida como um fracasso, já que cada vez mais se associa o fato de se estar sozinho a ser uma pessoa pouco interessante, entediante e infeliz. As redes sociais são falsas janelas para a realidade que outros vivem e, a partir dela, tendemos a comparar o que os outros fazem ao que nós fazemos. Nessa comparação, nosso placar está em números negativos.

Presumimos que quem faz esses planos é mais feliz do que nós que estamos em casa, no sofá, rolando a tela do celular. E talvez seja mesmo — mas não pelo motivo que você está pensando.

## CHARLES BUKOWSKI E A SOLIDÃO

O escritor estadunidense de origem alemã é o representante da literatura suja e um fiel defensor da solidão como forma de conhecer a si mesmo e se desenvolver. Aqui vão algumas ideias que ele nos deixou sobre este tema:

"Eu não odeio as pessoas, simplesmente me sinto melhor quando não estão ao meu redor."

"Conformar-se com qualquer um somente para não estar sozinho... Se tivesse que explicar com palavras a infelicidade, explicaria assim."

"Saber manter o equilíbrio justo entre a solidão e as pessoas; esta é a chave, esta é a tática para não acabar no manicômio."

"Deleito-me na solidão. Nunca vou sentir falta da multidão."

"Preferia estar sozinho. Era agradável me sentar só em um pequeno bar e beber e fumar. Sempre soube fazer companhia a mim mesmo."

Associa-se a solidão à inatividade. Pensamos que estando sozinhos não podemos fazer planos, não podemos nos divertir, não podemos rir nem curtir. As pessoas associam o prazer à companhia e a solidão à amargura. Se você reparar, voltamos à dicotomia do bem e do mal, ao reducionismo das ideias e dos conceitos pelas etiquetas que lhes atribuímos, à falta de liberdade de escolha para viver em solidão ou em companhia.

As pessoas que fazem essas associações têm a ideia (obviamente equivocada) de que se não estão acompanhadas nem fazendo planos é porque não são interessantes. E, de novo, voltamos às interpretações e associações limitantes.

Veja como nas últimas linhas associei a solidão ao fracasso, à inatividade ou a ser uma pessoa pouco interessante. E se continuássemos tecendo esse fio, poderíamos concluir que estar sozinho produz infelicidade. Seria realmente assim?

Em uma sessão, Beatriz me dizia que, em sua época de estudante, quando dividia um apartamento, era uma pessoa muito organizada, sociável e alegre. Quando conheceu sua parceira e foram viver juntas, continuou sendo dessa mesma maneira. E agora que tinham terminado e ela estava sozinha, o apartamento estava caótico e ela se cuidava cada vez menos.

*— Será que esta é a verdadeira Beatriz? — perguntou angustiada em uma sessão. — Até agora estava enganando os outros e a mim mesma? Atuando? Porque foi só Esther ir embora do apartamento que eu deixei de cuidar do que sempre cuidei.*

— *Então você se cuidava e cuidava de seu entorno por você ou pelos outros?* — perguntei a ela.

— *A resposta me assusta, pois dentro de mim e sendo sincera, sei que sempre fiz tudo isso pelos outros. Eu sabia que tinha menos chance de ficar sozinha se me comportasse assim. Estar comigo era agradável e simples para os outros. Mas parece que quem não se sente à vontade na própria companhia sou eu, pois bastou ficar sozinha para me abandonar.*

Quando analisamos o que fazemos e com que finalidade o fazemos, podemos descobrir muitos significados e padrões adquiridos que nos dão informações valiosas sobre nós mesmos. Como aconteceu com Beatriz, quando associamos ter companhia a nos sentir amados, facilmente caímos no erro de pensar que se estamos sozinhos é porque não somos amados. E ao não nos sentir amados nem merecedores de amor, nos insultamos, nos maltratamos, nos boicotamos e nos abandonamos, e com isso nos distanciamos mais dos outros e os outros de nós. E, assim, identificamos nessa história o padrão de dar voltas e mais voltas e acabar parando no mesmo lugar.

Trata-se de romper essa associação e de começar a entender, como solósofos, que esta arte não tem a ver com associações nem interpretações ou carências. A solidão, como dizia Bukowski, pode trazer muito mais felicidade do que a companhia.

## A RECEITA DE PASCAL

A tecnologia evoluiu de forma que podemos nos conectar mais com os outros, independentemente da distância física. No entanto, é paradoxal que as pessoas se sintam mais sozinhas do que nunca, e padeçam, cada vez mais, de transtornos emocionais devido à falta de contato físico. A pandemia e o confinamento que assolaram o mundo em 2020 fizeram os casos dispararem.

Então, se o medo da solidão e a ansiedade não se resolvem com a tecnologia, com os aparelhos e instrumentos que se possam inventar para nos conectar com os outros (pois mais conectados não podemos estar), devemos refletir sobre o que provoca esse mal-estar.

Por um lado, há a necessidade do contato físico. Somos seres sociais, sem dúvida, mas, sobretudo, somos seres que se relacionam mais a partir da proximidade, do contato físico. Recordemos o experimento de Harry Harlow na década de 1930 com filhotes de macacos-rhesus, no qual deixava eles escolherem entre um macaco robô que os alimentava e outro coberto de mantas que lhes transmitia calor. As criaturas preferiam passar o tempo com o robô que lhes transmitia calor, o que era interpretado como carinho, a serem alimentadas.

Por outro lado, além da necessidade inata que temos de contato físico e do sentimento de proteção que estar perto dos outros nos traz, os sentimentos de angústia que a solidão provoca vêm marcados pela incapacidade de não sabermos estar com nós mesmos.

## Blaise Pascal e o sentido da vida

Este francês, que viveu entre 1623 e 1662, foi um revolucionário em sua época. Dedicou a primeira parte de sua vida à matemática e à ciência aplicada e contribuiu com o desenho para a construção de calculadoras mecânicas e para a teoria das probabilidades, da pressão e do vazio dos corpos. Como resultado de uma depressão profunda que sofreu em 1654, Pascal redirecionou seus estudos para a filosofia e a teologia.

E nos lembramos dele neste livro sobre solosofia porque é possível dizer que ele foi um dos primeiros sábios e especialistas nesta arte. Um de seus aforismos mais conhecidos é: "Todos os infortúnios dos homens vêm de uma única coisa: não saber permanecer em repouso em um quarto."

O sentido da frase é que o ser humano, por não ser capaz de arquitetar uma vida interior que o preencha de sentido, sai em busca de algo com que preencher o vazio de sua alma. Ao rejeitar esse vazio e a inquietação que este lhe proporciona, o ser humano procura preencher seu mundo com diversão ou bens materiais, nos quais busca encontrar segurança e proteção.

## EXERCÍCIO: O QUE FAZ VOCÊ FELIZ?

Com este exercício vamos tentar identificar em que se baseia sua felicidade e de que maneira você pode reforçá-la.

Para isso, busque na memória qual foi o último objeto que comprou por prazer. Tem que ser um objeto material. Pode ser um carro, uma casa, um celular, uma peça de roupa. Anote em um papel e coloque ao lado o nível de felicidade (de 1 a 10) que adquirir o objeto lhe causou. Ao lado dessa pontuação, anote também a satisfação e a alegria que tê-lo hoje lhe dá.

Agora recorde uma situação na qual você se sentiu muito feliz e alegre. O momento poderia ser uma viagem com amigos, um show, um jantar em boa companhia... É provável que, ao recordar, lhe surja espontaneamente um sorriso nos lábios. Anote isso também no papel e, assim como antes, escreva ao lado a pontuação que você dá a essa recordação e traga-a agora ao seu presente.

Por último, lhe pedirei também que recorde um momento no qual tenha estado sem companhia alguma e se sentido em estado de calma e plenitude. Pode ter sido lendo um livro, praticando algum esporte, vendo o pôr do sol ou preparando um prato delicioso. Como antes, pontue que valor você dá a esse momento e a essa recordação.

Compare as três situações e avalie onde está, não só sua fonte de felicidade, mas também sua memória de recordações plenas.

Segundo Pascal, as pessoas agem erraticamente, "como se suas posses pudessem torná-las realmente felizes", bem como fazê-las fugir de si mesmas.

Contra esta abordagem e este estilo de vida, o filósofo francês afirma que existe uma riqueza infinita no autoconhecimento, que só pode acontecer quando se atinge certo nível de quietude.

## Quando o entorno não aceita seu recolhimento

Entender e interiorizar os ensinamentos de Pascal não são tarefas fáceis. Reconheço isso.

Antes de tudo, a pessoa deve fazer um ato de fé consigo mesma e tentar provar se é verdade que o autoconhecimento e a felicidade podem vir quando se está só.

Durante muitos anos, fomos bombardeados pela mentalidade de que quanto mais bens materiais tivermos, mais felizes seremos; da mesma forma, que a liberdade é obtida quando temos poder aquisitivo para comprar coisas, dinheiro para gastar e, lógico, quando os outros tomam conhecimento de nossas posses. Poderia parecer que a intensidade da felicidade que sentimos é proporcional ao alarde sobre as posses que temos e o dinheiro que gastamos. Aos poucos, no entanto, estamos percebendo que não é bem assim. Tenho confiança, confesso, de que o início da revolução de valores que sutilmente está acontecendo vai se tornar mais forte e nos empoderar, e as palavras de Pascal vão penetrar cada vez mais na sociedade.

No consultório, de uns tempos para cá, tenho visto mais pacientes que se atrevem a não fugir de si mesmos, que não preenchem a própria vida com objetos desnecessários. Não se comparam com o que os outros fazem e evitam viver de aparências.

Esses valentes, no entanto, frequentemente encontram um problema. Seu atrevimento de se recolher mais para ter tempo para si e suas atividades — proclamando, assim, a necessidade de solidão e de espaço para si próprios — lhes acarreta falta de entendimento e apoio por parte de seus entes queridos.

> — *Nika, como é possível, que quando digo ao meu parceiro que no fim de semana não nos veremos porque quero me dedicar a criar joias, ler, passear e passar um tempo sozinha eu me sinta culpada?*
> — *Talvez porque não se sinta compreendida no que pede.*
> — *Sim, exatamente. Como se ele não entendesse que tenho essa necessidade, pois ele não tem. Ele adora estar com pessoas, fora de casa, fazendo mil programas. E ao expor minha intenção de passar o fim de semana sozinha, sinto que ele não me entende e fica triste por pensar que não quero estar com ele. É aí que me sinto culpada por querer ficar sozinha.*

Não nos sentir aceitos e acompanhados nesta arte solosófica pode nos trazer dúvidas e medos. Os sentimentos de culpa e egoísmo são os mais frequentes no princípio, quando começamos a praticar esta arte.

Devemos ter muito evidente o estilo de vida que precisamos levar para nos sentir plenos e felizes e não nos perder pelo caminho diante da incompreensão do entorno. No próximo capítulo, trataremos de como administrar a solidão em casal e da diferença que existe entre o amor por si mesmo e pelo próximo.

Nenhum processo de iniciação é fácil, mas suportar o mal-estar de não ser fiel a si mesmo e renunciar à vida que desejamos pode ser muito mais doloroso.

## Mudanças que aparecem quando ficamos sozinhos

Tomar distância dos problemas dos outros nos permite ver a realidade com um pouco mais de perspectiva, sem nos cegar pelo ambiente viciado no qual estamos inseridos.

Ao adotar conscientemente outro enfoque, nos afastamos do triângulo dramático definido por Karpman, no qual só podemos nos desenvolver nos papéis de vítima, salvador ou perseguidor.

Com isso podemos nos tornar "observadores ativos", conceito cunhado pela psicologia sistêmica. A partir desse papel, vemos e analisamos o que acontece dentro e fora de nós em determinada situação, sem que as emoções guiem por completo nossa tomada de decisões, e equilibramos mais a balança entre a razão e os sentimentos.

Tomar distância é um exercício essencial quando não sabemos resolver uma situação ou um problema e nos sentimos cada vez mais asfixiados e agoniados. Quanto mais nos afastamos disso num sentido físico e emocional, melhor podemos ver, escolher e decidir.

Um famoso aforismo de Albert Einstein expressava a dificuldade de não poder elaborar uma perspectiva das situações quando estamos mergulhados nelas. "O que o peixe sabe da água onde nada toda sua vida?", dizia o gênio.

Como aconteceu com Irwin depois de conscientemente optar por seus isolamentos, ao passar tempo sozinho e ter tempo para refletir e meditar, você vai perceber que a realidade adquire outra visão e outro sentido.

A solosofia, então, não serve apenas para nos autoconhecer e fomentar a felicidade e os momentos com nós mesmos. Também nos é útil na hora de resolver problemas e de enxergar as experiências e o mundo que nos cerca a partir de outras perspectivas.

Neste ponto, quando você sentir que, mesmo tomando distância das situações e procurando outros enfoques para os problemas, não está avançando, não hesite em procurar ajuda psicológica. Como costumo dizer, quando falamos com nós mesmos costumamos nos dar razão, tanto para o bem quanto para o mal. Os amigos, com sua maneira incondicional de nos amar, também podem cair no erro de concordar com os pontos que levantamos ou de nos dar razão.

# O ISOLAMENTO E A NOVA PERCEPÇÃO DAS COISAS

Robert Irwin, artista californiano nascido em 1928, é conhecido por se afastar periodicamente da sociedade e por seu trabalho para ultrapassar com sua obra os limites da percepção e da consciência na arte.

Em 1954, decidiu se isolar em uma pequena cabana em Ibiza, sem falar com ninguém durante oito meses. O artista comenta suas experiências no isolamento:

"Não há estímulo visual, acústico ou outro além do próprio, você consegue ouvir seu corpo, a energia elétrica do seu cérebro, as batidas do seu coração.

"Era possível observar uma infinidade de coisas interessantes estando ali, mas o mais espetacular era a aparência que o mundo adquiria quando eu saía. A caminho de casa as árvores continuavam sendo árvores, as casas, casas, mas o mundo não parecia o mesmo, estava sensivelmente alterado. (...) Comecei dedicando mais tempo a fazer uma espécie de leitura tátil, construindo o próprio mundo nessa escuridão sem sons, com informação de outros sentidos, de modo que quando saí essa mudança persistiu por algum tempo.

"Bloqueei a informação, o fiz dia após dia e o mundo começou a adquirir uma espécie de aspecto uniforme. (...) É simplesmente o fato de que nossa percepção é complexa e não a usamos de maneira completa o tempo todo. Editamos severamente a tempo de ver apenas o que esperamos ver. Por isso não é uma questão de ver mais ou melhor, e sim de ver coisas que você não via antes ou sobre as quais não se dava ênfase e deslocando a ênfase da informação que você assimila, assim como a imagem mental que constrói. Não é a mesma, não é feita da mesma informação. Está alterada."

Ir à terapia e estar diante de um profissional, que é um interlocutor neutro, vai ajudar você a enxergar e analisar a situação objetivamente. Essa opção também é uma maneira de tomar distância e perspectiva do seu mundo para avançar em outra direção mais saudável.

# 2

## O AMOR NÃO É SOMENTE ALGO A DOIS

2

O AMOR NÃO É SOMENTE
ALGO A MAIS

## ESSE "ALGUÉM" QUE VOCÉ ESTÁ PROCURANDO É VOCÉ MESMO

Com frequência ouvimos a expressão "estou sozinho" quando se faz referência a não se ter uma relação sentimental formal com alguém. E, como se uma mola pulasse dentro de mim ao ouvir isso, costumo sugerir: "Você não está sozinho, está sem um parceiro." E então a pessoa sorri e percebe a diferença que há entre uma expressão e outra.

Não ter um parceiro tem a ver com o lapso de tempo no qual não estamos inseridos em um relacionamento estável. Sinceramente, acredito que pouquíssimos de nós estamos sozinhos, pois temos amigos, companheiros de trabalho, vizinhos com os quais não nos sentimos sozinhos.

Muita gente procura um parceiro para não sentir essa solidão física que tanto assusta. Alguém com quem passar a vida. É que a ideia de viver sem companhia se torna insuportável.

Jean-Paul Sartre dizia: "Se você se sente sozinho quando está sozinho, está mal acompanhado." E com estas palavras de Sartre lanço uma reflexão em forma de pergunta: como alguém vai querer estar com você se você não é uma boa companhia para si mesmo?

Quando pergunto às pessoas qual é o interesse delas em ter um parceiro, costumo me deparar com dois tipos de resposta: "Para cuidar e ser cuidado" e "Para compartilhar a vida". Diante da primeira, meu alarme dispara, pois essa necessidade de depender dos outros ou de que os outros dependam da gente costuma esconder carências afetivas significativas.

Uma manhã, no consultório, Marina refletia:

*— Assumo que sou caótica e, quando estou sem parceiro, minha casa e minha vida são um buraco negro no qual entro e saio, sobrevivendo a duras penas. No entanto, quando conheço alguém e começo um relacionamento, permito que a pessoa cuide de mim e organize minha vida.*

*— E você gosta disso? Que cuidem de você e organizem sua vida?*

*— No começo acho que sim, e que o que meu parceiro me diz é o melhor para mim. Por isso deixo que ele faça as coisas e me adapto às normas que são estabelecidas. Mas, com o tempo, a verdadeira Marina sai e brota ao ver que não tem poder sobre sua vida, sobre seu caos. Me sinto invadida e pouco respeitada. Acho que se algum dia eu decidir pôr ordem na minha vida, deve ser a minha ordem, com as minhas regras, e não por alguém me dizer o que é melhor para mim.*

A segunda resposta, a que trata do desejo de ter um parceiro para compartilhar o que acontece com a gente no dia a dia, é um tanto quanto delicada. Uma coisa é ter um desejo de compartilhar experiências e aprendizados, assim como carinho e ternura. E outra é a sensação que muita gente compartilha acreditando que se não transmitirem a outra pessoa os passos que dão é como se não existissem. É óbvio, esta segunda acepção está a anos-luz dos ensinamentos da solosofia.

## Há realmente uma busca ativa por um companheiro?

A revista *Psychology Today* publicou os resultados de estudos realizados sobre o interesse real que se tem para começar a estabelecer relações sentimentais. Eles revelam que 50% dos solteiros não queriam um parceiro; 10% somente queriam algo de uma noite só ou casos, mas sem compromisso algum; 25% se declararam interessados em ter encontros ou começar alguma coisa; e os 15% restantes buscavam ativamente um relacionamento estável.

Somos seres sociais e adaptáveis, então nossos interesses e gostos tendem a mudar em função do ambiente no qual circulamos. O desejo de ter um parceiro é um conceito social que se dá por contágio, do mesmo modo que acontece com outros aspectos, como fazer exercício ou parar de fumar. Se estivermos em um círculo no qual nossos amigos têm parceiros, sentiremos mais necessidade de ter um também do que se todos estivessem solteiros.

Por isso, cerque-se de amigos com parceiros se sua intenção é começar um relacionamento formal. Se seu desejo, porém, é estar por um tempo (curto ou eterno) sem parceiro, afaste-se desses amigos e junte-se a pessoas que curtam a solteirice.

São vários os motivos que levam uma pessoa a decidir não ter um parceiro:

- *Ter estabilidade emocional.* Ao contrário do que se poderia supor, viver a vida sem relações sentimentais traz consigo mais serenidade e equilíbrio pessoal do que estamos em um relacionamento. José me disse no consultório: "Se quando estou solteiro fico estável e me sinto independente, por que quando começo um relacionamento costumo cair na dependência e na instabilidade?" Ao dispor de todo o tempo, energia e recursos para si próprio, a gestão emocional é muito mais simples do que ao estar em um relacionamento.

- *Ter autossuficiência e autonomia,* não somente quanto à gestão emocional, mas também em outros aspectos da vida, como o ócio, os horários e a vida sociofamiliar. Quando uma pessoa solteira pode organizar a vida como bem entende, sem dar justificativas, a sensação de liberdade é muito mais vívida. Charles Bukowski dizia: "E quando ninguém o acorda de manhã, e quando ninguém o espera à noite, e quando você pode fazer o que quiser. Como se chama? Liberdade ou solidão?"

- *Ter objetivos bem definidos.* Este aspecto tem a ver com o que cada pessoa define que quer acrescentar à própria vida. Por um lado, tem a ver com o aspecto profissional: priorizar uma carreira que essa pessoa desfruta e com a qual se sente realizada vai fazê-la encarar o fato de continuar solteira não como uma desvantagem ou um problema. O mesmo acontece com as pessoas que são nômades e desejam percorrer o mundo sem se estabelecer em um lugar fixo.

Elas presumem que, com esse estilo de vida, ter uma relação estável pode ser difícil, e aceitam isso com facilidade, pois não querem renunciar ao acréscimo de vitalidade e emoção que representa fazer as malas e conhecer vários lugares e pessoas. Por outro lado, também escolhemos não ter um parceiro porque temos objetivos e características bem definidos a respeito da pessoa que queremos ter ao nosso lado. Aqueles que procuram, pacientemente, e esperam a pessoa que se ajuste melhor ao modo de ser de cada um, rejeitam tudo o que não se encaixe em certos padrões ou limites, assim como alguém com quem não sintam uma conexão sincera e autêntica.

- *Ser alguém com um bom círculo social.* Contar com amigos e conhecidos com que se possa fazer vários planos, passar tempo, sentir confiança e apoio emocional são variáveis que fazem uma pessoa rejeitar com mais facilidade estar em um relacionamento. Essa pessoa valoriza as relações de maneira diferente, pois encontra em seu círculo social os aspectos necessários para compartilhar a vida de modo saudável. A sensação de solidão não existe, em oposição a um sentimento de vida plena e com sentido. Os estudos já dizem: quanto mais cercados de gente querida estivermos e mais cuidarmos delas, maior será nossa sensação de felicidade e satisfação.

- *Ter a mente aberta.* Já falamos no Capítulo 1 dos danos provocados pelos preconceitos e das limitações mentais que podemos ter. Quando alguém se liberta desses aspectos e a mente está aberta às várias opções que podem surgir, a necessidade de ter um parceiro diminui. Esse tipo de pessoa entende que a vida não é oito ou oitenta, que ter um parceiro é só mais uma alternativa diante da infinidade de opções que se apresentam.

## Se você está procurando aquela pessoa que vai mudar sua vida, olhe no espelho

Com frequência colocamos o foco de nossa atenção de dentro para fora. Estamos dependentes demais das atitudes dos outros. Acreditamos que nossa sorte virá por meio de mudanças de atitudes, que seremos felizes quando começarmos um relacionamento, conseguirmos a merecida ascensão, nos livrarmos dos quilinhos a mais, tivermos filhos ou comprarmos o modelo de celular mais recente.

Ao imaginar que nossa felicidade virá do exterior, automaticamente deixamos de cuidar de nós mesmos, nos desconectamos do que acontece dentro de nós e nos afastamos de nossa essência.

## EXERCÍCIO: VISITAR O PRÓPRIO MUSEU

Quando nos dispomos a visitar um museu, fazemos isso com uma expectativa e empolgação especiais. Sabemos que veremos obras que contam uma história e têm uma sensibilidade especial. Por isso nossa atitude é de abertura e curiosidade. Minha proposta para este exercício é visitar o museu que forma você, para que possa admirá-lo e ficar fascinado ao conhecê-lo.

Para isso, sugiro que você fique diante de um espelho, de preferência com pouca roupa, e se observe. Assim como você olha para um quadro, que sua atitude seja de curiosidade, sem julgar o que vê; apenas observe e tente dar valor à obra de arte que é você.

Provavelmente você vai descobrir pintas, cicatrizes, rugas e curvas que não sabia que estavam ali. Tudo isso faz parte de quem você é.

Se em algum momento você vir alguma parte que lhe agrade menos, como acontece quando olha para alguma obra de um museu que não lhe agrada tanto, tente vê-la como parte de um conjunto, não a analise separadamente. Nem todas as obras de um museu nos agradam da mesma forma, mas todas são importantes para explicar a história da humanidade.

Confiar no que virá de fora — seja em forma de pessoa, objeto ou circunstância — será a solução de todos os nossos problemas. Com isso, começamos a procurar atividades e vida social constantemente, e rejeitamos a solidão e a autorreflexão como meio de obter bem-estar e felicidade.

Você nunca pode valorizar nem querer aquilo que desconhece. Naturalmente, esta afirmação faz referência também à própria pessoa. Se não somos capazes de ficar diante do espelho para nos observar e ver quem somos, como vamos nos conhecer e, portanto, nos amar?

Existe uma rejeição ao próprio ser, à essência de si mesmo. Dedicamos muito tempo a escolher o que vamos vestir de manhã, a nos arrumar e mostrar aos outros uma imagem que lhes agrade, um produto que chame atenção para que nos escolham. É óbvio que isso funciona. Somos atraídos pela beleza. E quando nos despimos e só resta o que há sob a pele, também encontramos beleza?

Nós nos esforçamos tanto para agradar o outro que nos esquecemos de agradar a nós mesmos. Acreditamos que, se agradarmos às pessoas, a felicidade chegará facilmente.

Vivemos com a ideia de que somente somos merecedores de nosso afeto e reconhecimento quando atingimos objetivos. E não nos damos conta de que acontece exatamente o contrário: sem esse amor-próprio não chegaremos a alcançar nossos objetivos.

## COMO MUDAR A MANEIRA COMO VOCÊ SE VÊ PARA APRENDER A SE AMAR MELHOR

Walter Riso, em seu livro *Apaixone-se por si mesmo*, sugere alguns pontos para trabalhar a imagem que temos de nós mesmos, deixando de lado a autopunição, a autocrítica destrutiva e a autoexigência indiscriminada:

1. Procure ser mais flexível consigo mesmo e com os outros.
2. Reveja suas metas e as possibilidades reais de alcançá-las.
3. Não veja em você só o que há de ruim.
4. Não pense mal de si mesmo.
5. Ame-se durante o maior tempo possível.
6. Procure aproximar seu "eu ideal" de seu "eu real".
7. Aprenda a perder.

"A autocrítica moderada, a auto-observação objetiva, a autoavaliação construtiva e as metas racionais e razoáveis ajudam no desenvolvimento do potencial humano", afirma Riso, e continua:

> "Não estou censurando a autocrítica e a autoexigência em si e em todas as circunstâncias. O que defendo é que, para fugir de um extremo psicologicamente tóxico (a pobreza de espírito, a preguiça, o fracasso, o sentir-se 'inferior' e não ter expectativas de crescimento), às vezes levamos o pêndulo para outro extremo, igualmente prejudicial e nocivo. Você é uma parte especial dentro do Universo; não se maltrate nem se insulte. Para ter sucesso, não é necessário se castigar."

Ao forjar nossa autoestima com base nos êxitos que tivemos, mais do que na própria essência de quem somos, nosso nível de exigência e estresse nos leva a não desfrutar a vida. A ideia que gira em torno dessa colocação é que tudo poderia ser melhor, nada está tão bom assim para gerar satisfação. Com essa autocrítica constante, como vamos nos amar? E mesmo que outras pessoas nos digam estar orgulhosas de nós por termos feito um bom trabalho, acharemos que estão mentindo, que só querem nos agradar.

Buda disse certa vez: "Você mesmo merece, tanto quanto qualquer outro em todo o Universo, seu amor e seu afeto." No entanto, vivemos exatamente o oposto desse ensinamento. Só sentimos que merecemos afeto próprio, e sobretudo o alheio, se conseguimos alguma façanha e alcançamos nossos objetivos. E isso é como começar a construir a casa pelo telhado.

## NÃO SE DIVORCIE DE SI MESMO

Meu avô, aos 98 anos, é uma das pessoas mais corajosas e sábias que conheço. Seus ensinamentos me permeiam e tento tê-los sempre presentes e aplicá-los em minha vida. Um dia, falando sobre o amor, ele me disse: "O amor é algo que não se esgota, Nika. O fato de eu amar você, que é minha neta, não significa que não possa amar meus filhos, meus outros netos... Mas tem gente que não entende isso."

Essa reflexão dele a respeito da família, da ausência de limites do amor, é uma premissa que está integrada em todo solósofo. Alguém querer dedicar tempo para se conhecer e desfrutar em solidão não significa que aprecie menos a companhia dos outros. Ao contrário: praticar a arte da solosofia melhora nossas relações com os outros.

Nas relações entre parceiros, às vezes acontece que uma das partes (quando não ambas) abandona suas atividades, sua rotina e seu lazer com os amigos para passar mais tempo com a pessoa amada. Nos primeiros meses do relacionamento é comum observar essa atitude por parte dos apaixonados, pois é necessário um tempo compartilhado para se conhecer bem e aproveitar a paixão do momento.

Contudo, com o passar dos meses, quando a relação está estabelecida e há confiança e respeito de ambas as partes, é recomendável retomar as atividades que cada um fazia antes de se conhecer e tentar uni-las ou combiná-las dentro da nova realidade.

Se isso não ocorre, a pessoa vai começar a experimentar uma sensação de traição e abandono pessoal. Sem perceber, deixou de lado tudo aquilo que a fazia estar à vontade consigo mesma, que lhe gerava bem-estar e felicidade. Divorciou-se de si mesma.

## Um mais um são três

Quando uso esta expressão, somente os solósofos entendem bem a que me refiro com essa estranha fórmula do amor.

Quando estamos solteiros, tomamos constantemente decisões em busca da própria felicidade: aonde ir, com quem ficar, quais amigos manter, quais atividades fazer. Somos os únicos responsáveis pela gestão do nosso tempo e da nossa vida. Às vezes, os planos podem seguir caminhos diferentes do que esperávamos, mas ninguém sai prejudicado por isso, a não ser nós mesmos.

Administramos nossa individualidade da maneira que melhor sabemos, tendo consciência de que ninguém depende de nós. Fazemos as atividades que queremos, chegamos na hora que for da nossa vontade e desfrutamos os outros sem ficar o tempo todo olhando o relógio.

Conhecer alguém especial e começar uma relação vai trazer, inevitavelmente, mudanças para nossa vida relacionadas ao nosso tempo e às nossas prioridades.

Em um relacionamento, durante a fase da paixão inicial, a dedicação e o pensamento estão destinados à pessoa amada. Esse processo vai fazer com que os amantes se conheçam mais e avaliem, explícita ou implicitamente, o futuro em comum que desejam ter.

O tempo que antes a pessoa tinha para si mesma e seus hobbies passa a ser um tempo compartilhado, por prazer, porque "fica esquisito deixar o outro sozinho", porque a construção e a preservação do casal têm prioridade em relação ao bem-estar individual.

## O RISCO DE ABANDONAR-SE
## E SE ENTREGAR À PESSOA AMADA

Esther Perel, psicoterapeuta especializada em relações conjugais, afirma que "chegamos a uma pessoa e, basicamente, estamos lhe pedindo que nos dê o que alguma vez um povoado inteiro costumava proporcionar. Dê-me pertencimento, identidade, continuidade, mas me dê transcendência e mistério e tudo em um". Essencialmente, espera-se que uma pessoa faça a outra feliz, e deixa-se de assumir a responsabilidade pela própria felicidade.

Estas são algumas outras frases de Perel que podem nos ajudar a refletir:

- "Quando dois se tornam um, a conexão já não pode acontecer. Não há pessoa com quem se conectar. Portanto, a separação é uma condição prévia para a conexão: este é o paradoxo essencial da intimidade e do sexo."
- "O amor repousa sobre dois pilares: entrega e autonomia. Nossa necessidade de união existe junto de nossa necessidade de separação."
- "Quando este impulso de compartilhar se torna obrigatório, quando os limites pessoais não são mais respeitados, quando só se reconhece o espaço compartilhado da união e se nega o espaço privado, a fusão substitui a intimidade e a posse substitui o amor."

Sem ter consciência disso, são deixadas de lado as fontes de felicidade pessoal e se pressupõe que esta, agora, virá a partir da relação com a pessoa amada e do que fazemos com ela.

Nesses casos, as duas pessoas entendem que a fórmula do amor é que um mais um é igual a um ($1 + 1 = 1$). Anulam-se as partes individuais e da união dos dois é criado um casal. Você + eu = nós.

Contudo, começar um relacionamento — ou tê-lo há algum tempo — não deveria significar esquecer quem somos nem o que traz felicidade e bem-estar à nossa vida, individualmente.

A partir da solosofia se entende e se define que, quando dois indivíduos decidem iniciar um relacionamento, a tarefa mais importante na construção do casal é não renunciar à vida pessoal prévia.

Acaba sendo difícil conceber essa ideia: formar um casal sem renunciar a tudo aquilo que lhe agrada. De fato, no consultório, tenho ouvido muitas pessoas dizerem que preferem viver sozinhas e não ter um parceiro a ter que compartilhar seu escasso e valioso tempo com mais alguém e ter que renunciar àquilo de que gostam. Priorizam seu estilo de vida em comparação a compartilhar com alguém suas vivências.

## EXERCÍCIO: VOCÊ SE ESQUECEU DE SI MESMO?

Para fazer este exercício, não é necessário que você esteja sem um parceiro. Basta que recorde algum momento em que esteve mais envolvido com algum assunto: uma época de exames ou concursos, um excesso insuportável de trabalho, estar cuidando de um ente querido que estava doente. Inclusive pode ser que, enquanto você estiver lendo este livro, esteja em alguma situação do tipo; então, fazer este exercício lhe será especialmente útil.

Quando estiver em uma dessas situações, repasse os vários aspectos de sua vida, os que compõem o seu bem-estar e equilíbrio, e responda a estas perguntas:

- Quanto tempo você dedicou a estar em contato com a natureza?
- Passou algum tempo conversando com seus amigos e conhecidos sobre as coisas importantes e banais da vida?
- Nutriu seu corpo com o necessário para se sentir saudável, forte e com energia?
- Dedicou uma tarde da semana para ler, assistir a sua série preferida, costurar, cozinhar ou simplesmente descansar no sofá?

Se suas respostas forem sinceras, vai perceber tem se esquecido de você. Se a resposta for afirmativa, não se trata de se atormentar e se culpar por isso. Rever o passado, nosso grande mestre, nos ajuda a tomar consciência de como podemos fazer as coisas de outra maneira para que o resultado seja nos sentir mais plenos e equilibrados nos diferentes aspectos da nossa vida.

E se estiver passando por um momento complicado que exige sua atenção e dedicação, leve em conta que, se você se esquece de si mesmo, se não se cuida, não vai conseguir alcançar aquilo que deseja ou, pior ainda, não vai poder saboreá-lo da mesma maneira. Lembre-se de que o processo é muito mais importante e definitivo do que o fim.

E se realmente houvesse uma forma de estar casado sem se abandonar?

É óbvio que essa maneira de se relacionar existe e se dá quando se entende o amor como um crescimento contínuo de ambas as partes. Para isso é necessário viver experiências diferentes, desenvolver atitudes e saciar a curiosidade individualmente.

Quando nosso parceiro compartilha conosco quais foram suas vivências e sensações, vivemos através dele e podemos falar sobre o que viveu. E o mesmo acontece ao contrário, ou seja, a vivência é dupla.

Ao não deixarmos de ser nós mesmos e de continuar levando o estilo de vida que tínhamos até o momento de estabelecer a relação, faremos a outra pessoa nos reconhecer e continuar apaixonada a cada dia que passa. Se você ficava entusiasmado ao ir ao teatro, a shows ou a correr maratonas, e se o parceiro se apaixonou por você quando você fazia essas coisas, por que deixar de fazer se ele gostou de você assim?

Além do tempo que cada pessoa do casal dedica a si mesma, também há um tempo para a vida a dois. Sair juntos, jantar com amigos, viajar e criar novas recordações fará a relação se reforçar ao se alimentar da vida conjunta.

Com esta fórmula de amor, o que cada um traz para o relacionamento e o que se forma dessa união é muito mais do que a soma das partes. Vemos como um mais um é igual a três (1 + 1 = 3), pois a cada pessoa, considerada

## O AMOR NÃO É SOMENTE ALGO A DOIS

de maneira individual, se soma a construção do casal que formam. Você + eu = você + eu + nós.

## Transitar entre a independência e a cumplicidade

A fórmula do amor na qual $1 + 1 = 1$ é o que definimos como dependência, sobretudo emocional. Neste caso, a liberdade interior de cada um está praticamente esmagada, o que não vai permitir a nenhum dos dois alcançar um bem-estar emocional ideal.

Depender emocionalmente de uma pessoa nos impede de ter uma vida plena e satisfatória devido aos altos e baixos que viver à custa do que acontecer no relacionamento vai nos causar. Estes são alguns indícios de que uma relação é dependente:

- *Você tem uma necessidade enorme de estar perto de seu parceiro.* Gostaria de estar sempre com ele; fica até inseguro se não estão juntos, mesmo que seja por algumas horas.
- *Teme constantemente que o relacionamento acabe.* Mais do que desfrutar a relação e tudo o que estão vivendo juntos, você vive a maior parte do tempo preocupado porque pensa que a qualquer momento a relação vai chegar ao fim.
- *Deixa de fazer coisas por você.* Está totalmente concentrado nos gostos e necessidades de seu parceiro, a ponto de esquecer os seus, pois sempre dá prioridade ao seu companheiro.

- *Sente que não merece seu companheiro.* É invadido de maneira persistente pela sensação de não merecer estar com o parceiro. Sente-se tão mal consigo mesmo e com quem é que acredita que seu parceiro está fazendo um favor em estar com você.
- *Teme ser abandonado.* Tem um medo constante de que seu parceiro o abandone ou o troque por outra pessoa.

Para a solosofia, a dependência emocional é uma das maiores âncoras e de lastros que impedem a pessoa de viver com autenticidade. Por isso, é importante aprender a transitar entre a independência própria e cumplicidade com a pessoa amada característica do relacionamento.

Trata-se, sobretudo, de levar em conta que, para se relacionar de forma saudável com alguém, primeiramente você precisa saber se relacionar de forma saudável consigo mesmo. E, obviamente, que essa maneira de estar no mundo também seja compartilhada e valorizada pelo seu parceiro.

A seguir, vou expor algumas ideias que podem ajudar você a trabalhar sua independência no relacionamento, assim como também podem incentivar seu parceiro a praticá-las:

- Tome distância física de seu parceiro.
- Não deixe de passar tempo com a sua família e seus amigos.

- Faça as coisas de que mais gosta.
- Aumente seu amor-próprio.
- Aprenda a ficar sozinho.

Para que um relacionamento funcione de maneira saudável, é essencial não se divorciar de si mesmo. Para isso, trabalhe com o propósito de manter sua essência com todas as pessoas e atividades que lhe trazem bem-estar.

## PRIMEIRA SOLTEIRICE

Quando nos falam de alguém de certa idade que está solteiro, a primeira coisa que nos vem à cabeça é que essa pessoa deve ser problemática — por isso ninguém se interessou por ele ou ela — ou que é tão estranho e exigente que não encontra alguém adequado.

As pessoas, porém, não necessariamente estão solteiras por esses motivos, ou melhor, todos temos problemas e esquisitices, fobias e manias, aspectos pelos quais somos adoráveis e outros que nos tornam insuportáveis. Todos nós. Então isso não é relevante para que alguém tenha ou não um parceiro.

Portanto, esse primeiro pensamento que nos vem à cabeça em forma de afirmação ("tenho certeza de que essa pessoa tem algum problema") deveria ser substituído por outra pergunta que o afaste dos juízos de valor e nos ajude a ter mais abertura mental: "Esta pessoa escolheu não ter parceiro?"

No consultório, tenho cada vez mais pacientes que me garantem que, como acontece com o solista de jazz de quem falei na Introdução, gostam de viver sozinhos, desfrutam muito tempo e espaço próprios sem ter que dividi-los. Não vivem assim por resignação, mas por decisão pessoal de não quererem estar com alguém. Definitivamente, trata-se de uma escolha essencial.

## O que o fato de eu não ter um parceiro diz sobre mim?

A escolha de não ter um parceiro é cada vez mais frequente. Se pararmos para analisar o que as pessoas que fazem essa escolha têm em comum, veremos, inicialmente, que compartilham sua renúncia às regras sociais estabelecidas e valorizam a própria vida a ponto de não escolherem qualquer pessoa com o objetivo de não estarem sozinhas.

As pessoas que decidem não ter um parceiro transmitem a certeza de que não lhes falta coisa alguma na vida, tal qual a sentem nesse momento. A vida que têm é plena do jeito que é. Não há carências nem qualquer sentimento de incompletude.

Os solósofos têm uma personalidade bem definida e uma autoestima saudável. Não se regem por pautas sociais nem pelo que "cabe" fazer ou viver. Vivem a partir dos preceitos da solosofia e se sentem satisfeitos e felizes com isso.

Estudos sociais e psicológicos indicam que, se for educado para isso, nosso cérebro aceita o diferente, o distinto, o que foge à norma. Tendemos a aceitar situações que saem do comum, a integrá-las ao nosso modo de enxergar o mundo, sem que isso signifique que exista uma excentricidade ou um problema.

## EXERCÍCIO: DESCUBRA O QUE FAZ VOCÊ ESPECIAL

Se navegarmos pelas redes sociais, veremos como *influencers*, *youtubers*, *tiktokers* e *instagrammers* são seguidos por pessoas que gostam de seu estilo peculiar e tentam, com esmero, imitá-lo. Então, copiar alguém diferente que cria tendências vendendo produtos e recomendando lugares faz você diferente ou igual a todos aqueles que o imitam?

À margem da reflexão inicial, vamos ao exercício. Assim como fizemos no primeiro tópico deste capítulo com a visita ao seu museu pessoal, agora descobriremos as salas de seu museu que não têm a ver com o que se vê por fora.

Para isso, lhe sugiro que pegue papel e caneta e liste cinco coisas nas quais se sente diferente dos outros.

Este exercício tem como objetivo que você comece a se reconhecer e dar valor ao que faz de você uma pessoa única. Pode se tratar de uma receita de *tiramisù* muito diferente que você faz, da capacidade de treinar a apneia embaixo da água durante o dia, de seu senso de humor ácido ou das peças de roupa que você tece e costura.

Talvez pensar com que finalidade as pessoas pedem ajuda a você ou para que o procuram lhe ajude a descobrir suas qualidades. Se as pessoas vêm até você para pedir alguma coisa em particular é porque sabem que é bom nisso.

Quando tiver essas cinco qualidades, sinta como se ampliam as salas de seu museu particular. Quantas joias escondidas você tinha dentro de si sem saber! E algo me diz que, no desenrolar deste livro, você vai descobrir muitas mais.

Mais do que isso, o diferente nos atrai. Gostamos de estar com pessoas diferentes de nós, com as quais sempre acontecem coisas especiais em vez da monotonia de repetir os mesmos lugares, os mesmos temas de conversa, as mesmas piadas. Por isso, sentir-se especial e diferente não tem motivo para ser um problema ou defeito.

Gostamos de nos sentir diferentes dos outros, mas, ao mesmo tempo, nos assustamos quando nos sobressaímos; ficamos com vergonha e queremos passar despercebidos. No consultório é muito frequente que os pacientes me perguntem: "Nika, isso que acontece comigo acontece com outras pessoas?" Então eu os decepciono e os tranquilizo ao mesmo tempo respondendo que sim.

É absurdo pensar que você tem um problema por não querer ter um parceiro ou por desfrutar a vida consigo mesmo. Ir contra a corrente não significa que você seja estranho, antissocial ou infeliz. Comemore sua escolha, o privilégio de ser como é, e desfrute a vida da sua maneira, mas, sobretudo, e o mais importante, entenda que a solteirice é uma opção de vida, um estado eleito conscientemente e por convicção.

## Sem parceiro por ser exigente

Entendo que, quando se vive afastado da solosofia, fica difícil entender e aceitar que uma pessoa decida não ter um parceiro. Tende-se a achar que a exigência sobre as características que a pessoa escolhida deve ter é a causa de nossa falta de entusiasmo por alguém ou que ninguém se encaixa nessas premissas.

No entanto, acredito que acontece justamente ao contrário. Uma pessoa que trabalha para se conhecer e estar cada dia melhor é mais exigente consigo mesma do que com os outros. Daí que não vai aceitar ninguém que não esteja no mesmo ponto de desenvolvimento emocional que ela.

Recordo uma consulta em que Inma refletia sobre este tema:

> — *Nada me chateia mais do que minha família me perguntar quando vou namorar sério e apresentar meu parceiro a eles... Tenho a sensação de que são eles que se incomodam com o fato de eu estar solteira. Ainda por cima, minha tia não faz nada além de me dizer que sempre fui muito exigente e no amor se deve aceitar o que há disponível. Aceitar o que há disponível? Quando eu aceitei alguma coisa?*
>
> — *Você não se considera uma pessoa que se conforma na vida?*
>
> — *Não, de jeito nenhum. Gosto de crescer, aprender, descobrir, me desenvolver, trabalhar meu interior, tentar mudar o mundo e torná-lo melhor a cada dia com meu trabalho e exemplo. Fico muito triste que me digam essas coisas, pois me fazem pensar que não me conhecem, que não sabem como sou nem que estilo de vida escolhi para viver e levar durante trinta anos.*

A partir da comunidade científica e, mais especificamente, da psicologia, o estilo de vida de uma pessoa que escolhe ficar solteira provoca curiosidade e é motivo de estudo há muitos anos. As pesquisas, além de descobrirem o que essas pessoas obtêm ao escolher não se vincular a alguém, estudam quais traços a personalidade dos solteiros por decisão própria têm em comum. Vejamos algumas características reveladas por esses estudos:

- São mais otimistas.
- Têm maior crescimento pessoal, que se vê refletido em uma mente mais aberta.
- São pessoas com mais autonomia e autodeterminação na hora de tomar decisões.
- Valorizam mais a liberdade.

## Aceitemos a solteirice alheia

Como já comentei em várias ocasiões, para ser solósofo é essencial deixar os juízos de valor de lado e aprender a enxergar o mundo a partir de todas as suas variantes. A solosofia nos ensina que, quanto mais variados forem o mundo e os seres que nele vivem, mais nossa mente e nossa alma se enriquecerão.

Quando vemos uma pessoa comendo sozinha em um restaurante, ou quando alguém nos diz que com 40 anos nunca teve um relacionamento duradouro, é provável que o sentimento que surja seja de tristeza e compaixão.

Existe uma "sabedoria convencional" — aprendida de maneira inconsciente e popularizada entre pessoas inseguras e que possuem pouco esclarecimento — a qual leva a pensar que ninguém pode ser feliz estando solteiro. Presume-se que talvez alguém possa estar sem parceiro durante um curto período de tempo, mas, à medida que entra e avança na vida adulta, isso vai mudar e ela vai começar a procurar alguém com quem possa compartilhar experiências.

É provável que a sociedade não esteja preparada para aceitar a solteirice como um estilo de vida. Há certa discriminação velada, porém visível, que pode ser constatada de inúmeras maneiras: desde como é complicado e excessivamente caro fazer uma reserva em um hotel para uma pessoa só até a ideia de que aqueles que não têm parceiro ou uma família costumam ser os últimos no trabalho a escolher quando desejam tirar férias, pois não têm ninguém com quem combinar. Recordemos que ter filhos e parceiro é sempre uma opção, e, por isso, não deveria implicar benefícios de qualquer tipo.

Sentir-se atacado por viver de maneira diferente pode provocar graves danos a quem sofre com isso. Muitas vezes esses ataques são feitos de maneira não intencional, mas as feridas que deixam podem ser profundas.

Para isso, é importante trabalhar a fim de reforçar a autoestima e o autoconceito, e entender que a opinião dos outros e a maneira como se expressam é um reflexo do que são, não do que nós somos. Reforce suas convicções, mas com a flexibilidade necessária para aceitar outros pontos de vista.

## *GASLIGHTING,*
## OU COMO FAZER ALGUÉM PERDER O NORTE

Dentro dessa "sabedoria pode ser convencional", o *gaslighting* usado para manipular e fazer com que as pessoas que não desejam ter um par se sintam mal.

Este termo provém de uma peça de teatro de 1938, *Gas Light*, e de sua adaptação cinematográfica mais conhecida, de 1940, dirigida por George Cukor e protagonizada por Charles Boyer e Ingrid Bergman. O *gaslighting* pode acontecer em relações pessoais ou profissionais, e as vítimas são atacadas no mais profundo de seu ser: o senso de identidade e a autoestima.

Trata-se de uma forma de abuso psicológico que consiste em negar a realidade, dar por certo algo que nunca aconteceu ou apresentar informação falsa com o objetivo de fazer a vítima duvidar de sua memória, de sua percepção ou de sua sanidade.

As pessoas manipuladoras — ou *gaslighters* — controlam de forma emocional, física ou econômica a vítima para ter poder sobre ela, seja por prazer, seja porque sentem que essas pessoas podem representar uma ameaça.

Quando as pessoas não aceitam a solteirice escolhida pelos outros e tentam derrubar seus argumentos, procuram convencê-los de que seu estilo de vida é melhor, e os excluem de planos que fazem porque "estão em outra", estão aplicando o *gaslight*.

Tomar consciência disso e lidar assertivamente com os *gaslighters* que possamos ter em nossa vida tornará nossas relações mais saudáveis, abrindo espaço para a liberdade, com base no respeito.

Há uma imagem mental que me ajuda, especialmente neste aspecto. Trata-se da vara de bambu. Está presa ao chão, um chão argiloso, mas suas raízes são profundas e fortes. O resto da planta, a vara e os galhos, se movem suavemente, agitados pelas correntes de água e pelo vento. São fortes em sua estrutura e nenhuma inclemência meteorológica consegue dobrá-las nem quebrá-las.

Tornando-nos varas de bambu, não temeremos as opiniões dos outros, poderemos ouvir suas ideias — quiçá diferentes das nossas —, mas não duvidaremos de nós nem de nossas escolhas. Portanto, nos aproximaremos um pouco mais da arte da solosofia.

## TRANSIÇÃO ENTRE PARCEIROS

O fim de um relacionamento é um processo complexo e doloroso pelo qual passa cada membro de um casal que se separa, ainda que este fim seja de comum acordo. As ilusões, os planos, os projetos de vida e os papéis que haviam sido criados e estabelecidos durante o tempo que passaram juntos se desvanecem. Isso provoca uma sensação de vazio e de se estar perdido.

Dependendo de como foi a relação, sobretudo nos últimos tempos, o desenlace será vivido de uma maneira ou de outra. Se era complicada, é provável que uma sensação de alívio coexista com outras sensações, como raiva, medo ou despeito. Será diferente se termina porque o amor acabou por parte de um ou de ambos, sem que haja falta de respeito ou traições; neste caso, a sensação predominante será a tristeza.

O AMOR NÃO É SOMENTE ALGO A DOIS

Pelo que você já percebeu sobre as rupturas sentimentais, cada um vive a sua de maneira diferente. Como temos reforçado nas seções anteriores, o fato de que cada um experimenta uma sensação diferente diante de um acontecimento não é melhor nem pior, apenas diferente. Devemos aceitar que cada um escolha viver esse processo, sempre e quando o modo de vivê-lo for saudável para a pessoa e a conduzir a uma cura sentimental verdadeira.

## A atitude adequada diante da ruptura

Todo solósofo vai lhe dizer que não existe uma estratégia ou atitude adequada a adotar quando se decide terminar um relacionamento. Todas são válidas, desde que ajudem a se adaptar à situação de ruptura de uma maneira saudável e respeitosa para consigo mesmo e com o outro.

Havendo diversas atitudes a adotar para enfrentar o afastamento físico e emocional do agora ex-parceiro, em um extremo poderíamos colocar a hiperatividade. A pessoa sobrecarrega a própria agenda com compromissos e planos, cursos, passatempos, obrigações profissionais e familiares, tudo para evitar parar e sentir a tristeza que há por dentro.

É provável, inclusive, que seus entes queridos o incentivem a não ficar em casa sozinho, que lhe sugiram planos e tentem arrumar alguém com quem você possa flertar, com a ideia de que "um prego substitui outro".

Com essa atitude, a tristeza própria da perda não é vivenciada de modo adaptativo. Além do mais, a pessoa mascara essa tristeza com uma felicidade artificial exibindo um semblante positivo mesmo não estando bem. Ela aprende a esconder do seu entorno o que sente, pois cada vez que se entristece ou expressa seus sentimentos, os outros ao redor lhe dizem para esquecer o ex-parceiro e a fazem se sentir julgada. Cria-se então um círculo vicioso, no qual se associa a atividade e a companhia ao bem-estar e à felicidade e a solidão à tristeza e ao abatimento.

No outro extremo das atitudes que adotamos diante de uma ruptura estaria o que defino como "a vida de ermitão". A pessoa se isola e se afasta de suas atividades sociais e do ócio. Foge de qualquer contato e mergulha em um processo de silêncio e abandono. Por mais que seu entorno busque por ela e lhe proponha planos de seu agrado para passar tempo e animá-la, a pessoa vai procurar mil desculpas para rejeitá-los ou vai dar um bolo no último momento.

Esse abandono social costuma vir acompanhado de um muito pior: o pessoal. A alimentação, a higiene, o autocuidado e inclusive as obrigações profissionais são questões às quais a pessoa deixa de dar atenção. Seu estado emocional a sobrecarrega e ela não se sente capaz de lidar com qualquer coisa que demande algum esforço, e menos ainda se tiver a ver com se cuidar e preservar o próprio bem-estar. Ao contrário do que acontecia com a atitude anteriormente descrita, nesta outra a pessoa rumina emocionalmente o dia inteiro sobre suas emoções, sobre o que pode ter acontecido na relação, e culpa a si mesma ou o outro pela maneira como o relacionamento terminou.

## EXERCÍCIO:
## SUA ATITUDE DIANTE DOS PROBLEMAS

Enquanto está lendo este livro, talvez você esteja em um processo de ruptura. Se for o caso, este exercício vai ajudá-lo a viver o momento de maneira diferente de como vem fazendo.

Se não estiver no meio de um processo de separação, você também pode fazer o exercício. Certamente, ao longo de sua história, você passou por alguma situação complicada, na qual as coisas não saíram como desejado, seja no âmbito sentimental, profissional, familiar, seja no da saúde...

Agora pense nas atitudes extremas das quais temos falado (a hiperatividade em contraponto à vida de ermitão) e responda com sinceridade:

- Sua atitude é/foi parecida com alguma delas?
- Acha que é/foi útil para se adaptar à situação?
- Olhando em perspectiva, acredita que adotar uma postura diferente lhe teria ajudado a viver esse momento de maneira mais genuína, sincera e saudável? Se sua resposta for afirmativa, que postura seria essa?

Com esse exercício, você pôde tomar consciência de como enfrenta a tristeza e as situações complicadas. Como você vai agir de agora em diante está em suas mãos.

Associa a perda da pessoa amada a uma falta de valor e de atração em relação aos outros e por isso começa a "quebrar janelas", como diz Philip Zimbardo em sua "Teoria das janelas quebradas". De acordo com este psicólogo social da Universidade de Stanford, se em um edifício aparece uma janela quebrada e ela não é consertada logo, imediatamente as demais janelas acabam sendo destroçadas pelos vândalos. Por quê? Porque está sendo transmitida a mensagem de que o edifício está abandonado, de que ninguém cuida dele. E o mesmo acontece com as pessoas: se quando um âmbito da nossa vida vai mal, não cuidamos dele e o deixamos de lado, o resto da nossa vida vai se quebrando e acabamos desmoronando.

A virtude está no meio-termo, diz a sabedoria popular. E tentar encontrar esse equilíbrio, fugindo tanto da hiperatividade quanto da vida de ermitão, pode ser a chave para viver o fim dessa etapa de modo saudável e sem traumas.

Viver esse processo acompanhado de nossos entes queridos vai fazer o beco sem saída não parecer um jardim cheio de espinhos. Do mesmo modo, saber encontrar nossos espaços de solidão, onde nos permitimos sentir a dor e elaborar a perda da pessoa querida e de toda a trama que havia ao redor, será o equilíbrio apropriado para viver o momento e abrir caminho para o que está por vir.

## O tempo entre relacionamentos

Não existe um tempo exato que seria conveniente ficar solteiro antes de começar um novo relacionamento. Assim como é difícil para um médico prever quanto tempo de vida resta a uma pessoa, é impossível definir o período adequado para se estar sem um parceiro depois de um término, já que vai depender de cada caso.

Embora a próxima seção vá tratar da solteirice na velhice, também escolhida após o falecimento do parceiro e do luto pelo qual se passa, nesse ponto é importante abordar a dor que sentimos quando uma relação chega ao fim.

Chamamos de "luto" o tempo que precisamos para nos adaptar ou organizar a vida de novo quando uma relação chega ao fim. Esse período varia em função de vários aspectos:

- *O tempo que o relacionamento tenha durado*. Obviamente não provoca o mesmo efeito em nós um relacionamento que durou três meses e outro rompido 25 anos depois.
- *A intensidade com a qual o vivemos*. Um relacionamento pode estar desgastado há anos, e então a dor é experimentada de maneira serena, até mesmo com certo alívio. No entanto, nos relacionamentos em que as emoções são vívidas e se transita entre o amor e o ódio, a ruptura vai ser experimentada com mais sofrimento e vai chegar até a se encapsular.
- *As expectativas e os projetos de futuro que tínhamos*. Se a relação chega ao fim em momentos de estabilidade e sem planos para o futuro encaminhados, a dor vai ser mais leve, pois sentiremos que a ruptura afeta apenas o presente. É diferente se a ruptura acontece em um momento no qual há um projeto de construir uma

casa ou se mudar, de abrir um negócio em conjunto, ou de pensar em ter filhos.

- *O vínculo que continua existindo entre ambos.* Os casais que chegam ao fim sem compartilhar hipotecas, negócios ou animais de estimação vão viver as dores de modo mais simples do que aqueles que compartilham aspectos vitais com seus ex-parceiros. Adaptar-se à vida sem essa pessoa é mais fácil se não tiver de estar em contato com ela continuamente para administrar ou entrar em acordo nas situações mencionadas.

Nós, profissionais da psicologia, não sabemos qual é o tempo adequado necessário para fechar a porta do que poderia ter sido e já não mais será no amor. Ninguém pode garantir. Contudo, sem sombra de dúvida, precisamos desse tempo sozinhos para passar pelas diferentes fases que levam à recuperação emocional.

A psiquiatra suíço-estadunidense Elisabeth Kübler-Ross estabeleceu cinco fases pelas quais passamos no processo do luto. E como um término implica um luto, vamos repassá-las. As cinco fases são as seguintes:

1. *Negação.* A pessoa nega o que está acontecendo; não consegue acreditar: "Isto não pode estar acontecendo comigo."
2. *Raiva.* Há uma tomada de consciência da realidade, mas se vive como se a situação fosse uma injustiça e uma ofensa pessoal: "Por que comigo? Isso não é justo!"

3. *Barganha*. Com bons propósitos e promessas, se tenta mudar de opinião: "Faria qualquer coisa para não estar passando por isso."
4. *Depressão*. Ao ver que as promessas da fase anterior não são levadas em conta, a realidade da perda é sentida na pele: "Nada mais faz sentido..."
5. *Aceitação*. Finalmente, a pessoa toma consciência da situação e pode começar a encará-la como uma oportunidade, mais do que como um castigo: "Vou viver isso da melhor maneira possível. Isso também faz parte da minha vida."

Outro aspecto a respeito do qual nós, psicólogos, concordamos é que as "relações cipó" não ajudam no processo de recuperação emocional e de desenvolvimento pessoal, ou seja, de alcançar a etapa de aceitação definida por Kübler-Ross. Também chamada de "síndrome de Tarzan", a observamos com frequência em pessoas com baixa tolerância à frustração, pouca autoestima e pavor do sofrimento. Ao não dar tempo entre o fim de um relacionamento e a próxima paixão, esses processos são vividos com uma intensidade extrema e artificial. Por isso, cada vez se tornam mais necessários os momentos felizes, cuja função é tapar e mascarar a dor que vai se acumulando diante das desilusões e dos abandonos.

Certa vez, conversando com Toni, ele desabafou sobre como havia administrado seu término anterior:

— *Agora, com perspectiva e passados os anos, vejo com nitidez que não deveria ter começado um relacio-*

namento com Esperanza tão pouco tempo depois do meu divórcio.

— Se não estou enganada, foi pouco mais de um ano depois, não é mesmo?

— Sim, mas não digo pelo tempo transcorrido e sim pelo meu processo. Eu ainda não havia vivido o luto pela minha ex-mulher, da vida que havia planejado para nós, para nossa família. A dor era tão intensa que a anestesiei saindo toda noite, até que Esperanza apareceu e começamos a sair. Ela é uma mulher maravilhosa, e se eu tivesse passado pelo meu processo como deveria, sei que meu relacionamento com ela teria seguido em frente e sido excelente.

## SUPERAR A DOR DA RUPTURA, SEGUNDO JOAN GARRIGA

Talvez a prova de fogo de que um processo de separação foi concluído é estarmos novamente disponíveis para outro vínculo importante, a fim de voltar a construir.

Sabe-se que se constrói mal sobre as cinzas e os escombros e, ao contrário, se edifica bem sobre os aprendizados anteriores, sobre a integração nutritiva de nosso passado, fosse qual fosse. Esses, sim, são bons pilares. Por isso é tão importante integrar nossa história afetiva.

Como se faz? Depois de um processo emocional árduo, amando tudo tal como foi, tal como aconteceu, incluindo as coisas difíceis e infelizes que tivemos de viver. Porque dessa maneira se concretiza o efeito de que, amando-o, o negativo se evapora e o positivo fica impregnado em nosso coração. Poderosas alquimias do amor.

Dessa maneira, não precisamos cair em posições frágeis como o vitimismo ou o ressentimento das quais algumas pessoas abusam em vez de assumir a responsabilidade pelos assuntos. Posições que no fundo as mantêm presas ao vínculo anterior. Nas relações humanas podemos formular uma máxima que sempre se confirma: permanecemos presos àquilo que rejeitamos em nosso coração e, ao contrário, o que amamos nos liberta.

Não existe um tempo exato de intervalo entre um relacionamento e outro. Existe, sim, necessariamente, um processo pelo qual devemos passar para viver a perda e o luto. Se isso não acontece, podemos prejudicar e destruir as futuras relações que surjam em nosso caminho.

A partir da solosofia — a arte de estar só, de se conhecer e se desfrutar —, percebe-se que quanto maior for o tempo que a pessoa dedica a ela mesma ao terminar um relacionamento, melhor. São vários os objetivos que devem ser cumpridos nesse tempo de solidão. Entre eles podemos definir:

- Sarar e superar o término.
- Avaliar nossa parcela de responsabilidade no ocorrido e aprender com isso.
- Despedir-nos e fazer o luto das fantasias e dos planos de vida que tínhamos para nós mesmos.
- Conviver e aprender a fazer coisas por nós mesmos.

## Escolher não ter mais parceiros

Por mais estranho que pareça à fútil "sabedoria convencional", são muitas as pessoas que optam por não voltar a ter um parceiro depois de um término significativo. Acontece tanto com homens quanto com mulheres, de todas as idades, mas especialmente entre 30 e 60 anos.

Você imagina os tortuosos interrogatórios aos quais as pessoas que fazem essa escolha estão submetidas por essa opção de vida? Pequenas valentes cheias de paciência!

O AMOR NÃO É SOMENTE ALGO A DOIS

Os motivos que levam alguém a não voltar a ter uma relação amorosa podem ser vários. Vejamos alguns deles:

1. *Não ter trabalhado e superado as experiências do passado.* Ter tido uma relação complicada, talvez por não ter escolhido adequadamente a pessoa ou por não ter sido aquele o momento pessoal apropriado, pode ser o motivo pelo qual essa pessoa tenha aprendido que estar em um relacionamento é algo que não quer repetir. A dor que representou, tanto a experiência quanto o término, fez essa pessoa não desejar voltar a se relacionar.

2. *Generalizar.* Com todo o sentido da palavra, já que às vezes se atribui a um gênero inteiro más experiências do passado. Isso resulta em frases como "Todos os homens são..." ou "É que as mulheres...", que excluem qualquer resultado positivo futuro.

3. *Ter tido relações de codependência.* Esse tipo de relação implica uma carga emocional e um esgotamento difíceis de superar. Os limites onde terminava um e começava outro eram difusos, e a pessoa teme voltar a perder a identidade ao iniciar um novo relacionamento.

4. *Medo de cometer os mesmos erros.* Os padrões de comportamento se repetem quando não paramos para analisá-los e descobrir de onde surgem e para quê. Ao não fazer esse exercício, a pessoa teme voltar a topar com o mesmo tipo de parceiro, voltar a se comportar da mesma maneira ou viver as mesmas

experiências, se nega a isso e opta por não ter outros relacionamentos.

5. *Continuar apaixonado pelo antigo parceiro.* Independentemente de quem desistiu da relação, continua existindo um vínculo amoroso com o antigo companheiro que impede de reparar em outra pessoa e voltar a se apaixonar.

6. *Descobrir que, sem parceiro, se sente e se vive de uma maneira mais genuína consigo mesmo.* A pessoa viveu todas as facetas de estar em um relacionamento estável e decide que essa opção de vida não combina com ela. Desfruta a própria companhia e a gestão de seu tempo, e aprecia não passar pelas exigências que pressupõem estar em um relacionamento.

Salvo no último caso, que se trata de uma colocação a partir da solosofia, nos outros cinco seria conveniente trabalhar esses aspectos com um profissional da psicologia.

Ter assuntos pendentes pode nos fazer tomar decisões que não estejam de acordo com nossa essência nem com nossos verdadeiros desejos. Fechar as portas do passado e abrir espaço emocional para escolher livremente se queremos ou não ter um parceiro vai nos fazer sentir mais fiéis a nós mesmos e viver em coerência.

## UMA SOLIDÃO ESCOLHIDA NA VELHICE

A velhice tem um péssimo publicitário e uma desastrosa equipe de marketing. Isso é fato. Na atualidade, é percebida como uma etapa da vida da qual se tem que fugir, à qual não se quer chegar.

Tomam-se atitudes nada compatíveis com a idade real. Entre elas, vemos que o número de intervenções estéticas para reduzir os sinais da passagem do tempo está crescendo, ou que são adotados estilos de vida juvenis para evitar se deparar com as folhas do calendário arrancadas. Inclusive há pessoas que, diante da chegada do aniversário, ficam com um baixo-astral e se recusam a comemorar a data.

Em geral, a velhice tem uma péssima publicidade. E talvez fosse bom que recordássemos com mais frequência as palavras do autor francês do século XIX Sainte-Beuve: "Envelhecer ainda é o único meio que se encontrou para viver muito tempo."

É verdade que envelhecemos como vivemos, e se durante a juventude nos recusarmos a envelhecer, a chegada da idade de ouro vai ser experimentada como um castigo e com constante recusa.

Chegaremos a essa idade de maneira diferente se avançarmos pelo caminho vivendo plena e conscientemente cada etapa, sem pressa de chegar à meta, mas sem ter como objetivo permanecer um pouquinho mais onde já não nos cabe.

## Essa inoportuna amante chamada Solidão

Somos seres sociais por natureza, desde quando nascemos até o momento da nossa morte. E somos assim, basicamente, porque precisamos dos outros para viver. Sabemos que não somos autossuficientes, que somos incapazes de resolver nós mesmos todos os problemas que se apresentam. Por isso, estar em contato com os outros vai salvar nossa vida, de um modo abstrato, mas quem sabe também literalmente.

Nosso desenvolvimento social se vê facilitado nos diferentes momentos da vida: quando somos crianças e observamos as reações que nossos primeiros gestos provocam nos outros, no processo de escolarização e educação, ao aprender a fazer as primeiras alianças; quando criamos projetos essenciais, como relacionamentos, a família; ou quando nos incorporamos ao mundo do trabalho, entre os mais notáveis. Em todos esses momentos essenciais, somos conscientes da importância da companhia e da socialização para alcançar nossos objetivos e, logicamente, da imensa satisfação que supõe compartilhar nossas experiências e conquistas com nossos entes queridos.

Pois bem, a solidão é um sentimento de mal-estar emocional que surge quando uma pessoa se sente incompreendida ou rejeitada por outras, quando carece de companhia para as atividades desejadas, tanto físicas quanto intelectuais, ou quando não obtém uma intimidade emocional.

A velhice é um desses momentos nos quais mais facilmente se pode experimentar esse sentimento, pois nessa etapa se sucede uma série de perdas significativas que podem fazer uma pessoa se sentir mais sozinha: a morte de um cônjuge, a síndrome do ninho vazio, a saída do mercado profissional, entre outras. Todas elas a afastam ou separam de suas conexões, de suas pessoas de referência. Nessa etapa é mais provável que apareça uma solidão não escolhida.

A busca ativa por ócio e entretenimento intelectual e cultural é o melhor antídoto para a apatia e a amargura.

O AMOR NÃO É SOMENTE ALGO A DOIS

Pois ver-se na velhice e sozinho não tem por que significar estar mal, deprimido ou angustiado.

Rosa havia ficado viúva há mais de dez anos e me falava de sua vida em solidão, agora que as duas filhas haviam saído de casa:

— *Vejo senhoras da minha idade que são viúvas como eu e devo dizer que sinto vergonha alheia por elas, Nika.*

— *Do que exatamente?* — *perguntei a ela, com um sorriso, diante de uma afirmação tão radical e contundente.*

— *Ou ficam murchas e andam o dia inteiro cabisbaixas, querendo causar pena, ou se emperiquitam todas, vão dançar e procurar namorado. Eu fiquei viúva, sim, mas também estou muito à vontade comigo mesma, com as lembranças de Pepe, e com a vida que levo agora: vou a exposições, a concertos, me envolvo nas atividades do bairro, passo tempo com amigos, visito minhas filhas quando posso... Não escolhi que Pepe falecesse, lógico, mas posso escolher como viver minha vida na ausência dele.*

Não sendo a solidão uma opção escolhida, e independentemente do motivo pelo qual alguém tenha chegado a ela, os dados apontam que 14% das pessoas idosas moram sozinhas. Embora seja verdade que estamos diante de uma realidade em expansão devido ao envelhecimento da sociedade — já que hoje vivemos muito mais do que na época de nossos avós —, estarmos sozinhos não tem por que se transformar em uma experiência dolorosa nem desagradável, como muitos dos maiores solósofos nos mostram com exemplo próprio.

## Continue crescendo, independentemente da idade que tiver

Crescer, aprender, nutrir-se, integrar, captar... Escolha o verbo que melhor se adapta a você, tanto faz. Somente o aplique, tenha você 3, 43 ou 93 anos. A OMS afirma que pessoas adultas que sentem curiosidade pela vida e continuam aprendendo podem adquirir conhecimento para administrar e cuidar melhor da saúde, manter-se em dia a respeito dos avanços tecnológicos, adaptar-se melhor ao próprio envelhecimento e ao de outro ente querido, manter a identidade e o interesse pela vida.

Existem diversas associações e atividades, tanto públicas quanto privadas, que incentivam o aprendizado para pessoas mais velhas. Cursos universitários, oficinas de profissões e ofícios, atividades que promovem o exercício físico e intelectual.

# NECESSIDADES DA VELHICE
## QUE PRECISAMOS LEVAR EM CONTA

Adaptando a Teoria das Necessidades Humanas Fundamentais, desenvolvida em 1966 por Virginia Henderson, os aspectos destacáveis são os seguintes:

1. *Necessidade de se comunicar.* O idoso precisa se comunicar e se relacionar com o entorno de forma verbal, expressar desejos e opiniões e ter sentimento de pertencimento a um grupo, manter uma mobilidade suficiente que lhe permita ter relações sociais, ter uma imagem de si mesmo que corresponda à realidade e expressar sua sexualidade sem temores.
2. *Necessidade de escolher segundo os valores e as crenças.* O idoso precisa escolher segundo os próprios valores e crenças e ninguém pode lhe negar a manutenção de suas convicções e opiniões pessoais em relação à cultura, à ideologia, à religião e à própria vida ou morte.
3. *Necessidade de autorrealização.* O idoso deveria ser capaz de realizar atividades recreativas e lúdicas que lhe permitam manter a autoestima. Deverá se sentir satisfeito consigo mesmo por sua contribuição à sociedade.
4. *Necessidade de aprender.* O idoso vai viver uma existência plena e produtiva se conhecer a si mesmo e tiver interesse, sentir-se motivado e for capaz de raciocinar, se demonstrar habilidade para solucionar situações que dizem respeito ao aprendizado, se apresentar questões, dúvidas e perguntas sobre suas emoções, seus sentimentos e sua existência.

A chave é não achar que tudo já foi feito e aprendido, ou que "No tempo que resta, pouco importa saber mais do que já se sabe". Trinta por cento das pessoas com mais de 60 anos e 23% das com mais de 75 estão interessadas em continuar aprendendo e estudando. Não é fascinante?

Sólon, moralista e poeta ateniense, já dizia no século VI a.C.: "Procure se instruir enquanto viver; não acredite que a velhice vem acompanhada da razão." Como você pode deduzir, Sólon foi um dos primeiros solósofos com afirmações desse tipo.

Por um lado, o fato de as pessoas mais velhas decidirem estudar e continuar se desenvolvendo é possível pelo seu estado de saúde; se este é bom, lhes permite continuar se enriquecendo mental e fisicamente. Por outro lado, como muitos afirmam, veem a oportunidade de aprender algo novo porque, depois de tantos anos criando filhos, assumindo as atividades de uma casa, trabalhando e cuidando de outros idosos, agora têm tempo para si mesmas e podem dedicá-lo ao que gostam: estudar e formar-se em outros campos que, até chegar à velhice, não puderam descobrir nem experimentar.

São os popularmente chamados *late bloomers*: pessoas que descobrem tardiamente seus talentos e habilidades. E, em certos casos, a aposentadoria pode levar a essa feliz descoberta.

Embora exista a crença de que o desenvolvimento intelectual atinge o ponto máximo em um jovem adulto e depois diminui lentamente com a idade, isso pode ser reducionista. A capacidade de formar novas recordações e conceitos pode diminuir com a idade, mas a pessoa mais velha tem a vantagem do conhecimento acumulado, das associações entre conceitos e das técnicas mentais na hora de aprender e se desenvolver.

O estudo, além das horas de aprendizado nas aulas presenciais ou virtuais, precisa de tempo em solidão para compreender e integrar os conhecimentos recebidos. Mesmo assim, são necessárias horas de calma e sossego para a leitura do material e de livros de interesse e para a prática do que foi aprendido. É a solidão do estudante solósofo, também idoso, que escolhe continuar nutrindo-se.

## Sem culpas e sem assuntos pendentes

Observo e analiso pessoas mais velhas continuamente, e encontro um traço que se repete naqueles que vivem sua fase de ouro com serenidade e felicidade: estão satisfeitos com a vida que levam. Esse é o segredo das pessoas idosas que estão em paz. Francesc Miralles e Héctor García o apresentaram em seu livro *Ikigai*, no qual analisaram a população mais longeva e saudável do mundo, que vive em Okinawa, uma pequena região do Japão.

Para chegar a esse estado de felicidade na idade de ouro, essas pessoas trabalharam, consciente ou inconscientemente, dois aspectos de seu percurso durante todos esses anos que seriam muito pesados se não tivessem se ocupado deles: a culpa pelas decisões do passado e as questões pendentes. Para se livrar da culpa e andar sem muita carga, inicialmente é necessária uma introspecção para identificar se esses sentimentos existem em nós e, em seguida, tempo para curar feridas a partir da autocompaixão e do perdão. E, para resolver as questões vitais que estejam pendentes, são necessárias decisão e determinação, bem como deixar o medo de lado.

A culpa é um sentimento que pode surgir em todas as etapas da vida, mas especialmente na velhice, quando repassamos nossa vida. É possível que descubramos decisões que, vistas em perspectiva, não deveríamos ter tomado em hipótese alguma, ou gestos de que nos arrependemos e não deixam em paz nossa mente nem nossa alma.

Quando trato do tema da culpa no consultório, digo sempre aos meus pacientes que é muito fácil julgar a nós mesmos a partir da pessoa que somos hoje, sabendo o que sabemos. No entanto, para opinar ou julgar a decisão tomada, devemos viajar no tempo e recordar o que sabíamos e sentíamos então, quem éramos quando tomamos esse rumo. Só assim teremos perspectiva da decisão que tomamos e dos motivos que nos levaram a fazê-lo. É mais fácil avaliar uma situação difícil depois de terminada.

Por conseguinte, sugiro mudar o conceito de culpa pelo de responsabilidade. Quando somos culpados só nos resta aceitar o castigo, a penitência e carregar essa cruz pelo tempo que escolhermos. No entanto, quando falamos de responsabilidade, somos parte ativa da decisão, mas também das consequências. E se assumimos que uma ação tem consequências, sempre podemos fazer algo para aliviar, reverter ou compensar a decisão do passado.

Na velhice é importante lidar com os sentimentos de culpa que pode haver e transformá-los em responsabilidade.

Pode se tratar de um processo no qual precisemos dialogar com outra pessoa, pois, sempre que temos um interlocutor diante de nós, ele pode nos confrontar e fazer-nos levar em conta perspectivas que não havíamos considerado antes. Também pode ser um exercício que se faça em solidão, com a serenidade e a visão do presente, e a autocompaixão para nos entender e perdoar com sinceridade. Como disse T. S. Eliot: "Só aceitando seu passado você poderá alterar-lhe o efeito."

Além da culpa, no fim da vida também podemos sentir com mais frequência que temos assuntos, tanto sociais quanto materiais, pendentes. Os chamados "assuntos inconclusos" são ações focadas no futuro que precisamos pôr em prática antes que seja tarde demais. Resolvê-los traz paz e serenidade para o presente, mas também para o futuro, no momento da morte.

## EXERCÍCIO:
## E SE TUDO ACABASSE EM UMA SEMANA?

Para fazer este exercício, procure um lugar silencioso e tranquilo, onde você não se distraia com facilidade e que seja tranquilo. Não se esqueça de pegar papel e caneta.

Para começar, vou pedir a você que abra sua imaginação. Tudo o que fantasiamos podemos desmontar ao tomar consciência de que se tratava de pensamento, não da realidade.

Agora respire pausadamente e imagine que lhe disseram que você vai morrer em uma semana. Tente deixar de lado as emoções que isso supõe e volte a se colocar na situação. Resta uma semana.

Faça uma lista das coisas que lhe surgem instantaneamente, sem pensar nem analisar. Escreva-as num papel como forem aparecendo. Podem ser coisas como fazer um testamento, fazer aquela viagem que há anos você vem adiando, ter um encontro com uma pessoa para falar dos mal-entendidos do passado, ou procurar um abrigo para seu animal de estimação. O que lhe surgir, anote no papel.

Assim que sentir que escreveu tudo o que estava pendente, procure a agenda, com dia e hora concretos, e verifique quando vai pôr em prática essas ações. Se não sabemos quando vamos morrer, por que continuar postergando assuntos que carregamos e não resolvemos de vez? Faça isso, faça já. Antes que seja tarde.

Uma velhice em solidão, escolhida ou imposta, não tem razão para ser vivida com mal-estar. Justamente porque ao chegar a essa condição as exigências diminuem, os solósofos podem escolher viver essa última etapa da vida com tempo e espaço para eles, resolvendo o que está pendente e concluindo o que já não é possível mudar, mas pode, sim, ser apaziguado.

# 3

## VIVER OS CINCO SENTIDOS

É frequente que no consultório os pacientes relatem que têm pensamentos obsessivos, ideias ou argumentações desagradáveis, que se repetem sem parar, aos quais não conseguem dar um fim. Às vezes, esses pensamentos vêm ao interpretar sintomas físicos associados à ansiedade, como a sensação de falta de ar, o pulso acelerado ou dor no peito. Ou talvez apareçam de repente, durante qualquer atividade cotidiana. Certamente já lhe aconteceu, não é mesmo?

Quando isso acontece é porque sua mente — ou seja, você — não está vivendo o presente. Se não aprendemos a manter nossa mente entretida, ela vai se dedicar a projetar-se no passado e no futuro para se distrair, como se fosse uma criança pequena.

Por um lado, os pensamentos associados ao passado podem nos provocar diversos sentimentos. Quando tendem a deixar nosso ânimo bem embaixo, é porque estão baseados no que perdemos, em decepções e desilusões. Pelo contrário, se nos aceleram e nos deixam com raiva é porque rememoramos situações que percebemos como injustas, em que repassamos conversas nas quais deveríamos ter dito isso ou aquilo, ou então pensamos que as coisas deveriam ter acontecido de outra maneira. Naturalmente, projetar-nos a tempos passados também pode nos trazer sentimentos de ternura e felicidade. Esses pensamentos, contudo, não costumam ser obsessivos e, muito menos, causar-nos mal-estar.

Por outro lado, quando viajamos ao futuro sem poder interferir, muitas vezes sentimos medo. Imaginamos todo tipo de situações que nos provocam pavor, vergonha, estupor, e sentimos que temos poucos recursos para enfrentar tais ameaças. Então nossa mente fica remoendo essa situação, colocando-se no pior, avaliando os danos que vaticinamos e as consequências do que imaginamos que vá acontecer.

Lembro-me de que Elena, uma paciente que tive há alguns anos, tinha um medo recorrente de acabar velhinha e indigente. Em todas as sessões que fizemos, em algum momento, ela acabava perguntando: "Nika, tem certeza de que quando eu tiver 70 anos não acabarei dormindo em um banco de praça?" Como acontecia com ela, muita gente se imagina em situações que, embora possíveis, são pouco prováveis.

No momento em que deixamos de enfrentar o futuro com medo e o encaramos com carinho e alegria, podemos ver esses temores como oportunidades para tomar decisões no presente que nos façam crescer e desenvolver nossas capacidades e nossos recursos para enfrentarmos o que virá.

## ALBERT ELLIS
## E OS PENSAMENTOS QUE NOS FAZEM SOFRER

O psicoterapeuta cognitivo Albert Ellis foi o criador da Terapia Racional-Emotiva Comportamental (TREC). Nela, definiu como os pensamentos podem afetar nosso estado de humor. Segundo ele, os pensamentos nos fazem tomar decisões, e estas vão nos fazer sentir de uma maneira ou de outra. Portanto, se formos capazes de mudar nossos pensamentos, poderemos gerar novos estados emocionais.

Albert resumiu em três pontos as crenças irracionais mais frequentes que temos e que são fonte de sofrimento emocional. Estão baseadas tanto no passado quanto no futuro e referem-se aos seguintes aspectos:

- A própria pessoa: "Deveria/devo fazer as coisas bem e merecer a aprovação dos outros por minhas ações."
- Os outros: "Os outros deveriam/devem agir de forma agradável, respeitosa e justa."
- A vida: "A vida deveria/deve me oferecer algumas condições boas e fáceis para conseguir o que quero sem muito esforço e com comodidade."

O que pensamos se refere ao que já vivemos ou ao que vamos viver. Não podemos refletir sobre o presente. No presente só percebemos, sentimos e captamos informação a partir dos sentidos. Tudo o que pensamos sobre o que foi vivido já é passado. E você deve se dar conta de que, quanto mais pensa no que foi vivido — inclusive segundos atrás — ou no que está por vir, menos está percebendo e prestando atenção aos seus sentidos, ou seja, não está vivendo no presente.

Comunicamos com facilidade nossas crenças e nossos pensamentos aos outros. Além disso, gostamos de compartilhar ideias com nossos semelhantes, sentir-nos ouvidos e compreendidos. Gostamos de discuti-las, debatê-las, reforçá-las ou confrontá-las com as dos outros.

Há exemplos de filósofos, pensadores e críticos que viveram em solidão, como ermitãos, mas não puderam evitar plasmar em palavras suas crenças, como, por exemplo, H. D. Thoreau.

Assim como as ideias podem ser rebatidas ou modificadas em algum aspecto, o mesmo não acontece com a maneira que temos de perceber as coisas ou como elas nos fazem sentir. Ninguém pode tentar me convencer de que a água da praia da Lanzada (Pontevedra) está quentinha quando, ao entrar, fico sem ar e começo a tremer.

Sentir nos coloca no presente e os sentidos nos ajudam a focalizá-lo. Daí o objetivo deste capítulo: não é possível desenvolver a arte da solosofia se não vivemos no presente, ou seja, se não desenvolvemos a capacidade de perceber o que nos cerca. Temos a tendência de naturalizar o que está acontecendo neste exato instante ao nosso redor.

VIVER OS CINCO SENTIDOS

Com os sentidos, vamos mergulhar em nossas percepções para descobrir como captamos o mundo, assim como para estar no aqui e agora de modo mais consciente. O paladar, o tato, a audição, a visão e o olfato vão ser seus mestres na arte da solosofia nas próximas páginas.

Coloque a máscara de mergulho e desfrute esta imersão dentro de si mesmo.

## PALADAR: "MESA PARA UM, POR FAVOR"

Os que me conhecem sabem bem: sou uma *food lover*. Adoro comer, e comer bem. Desfruto enormemente pratos pouco elaborados, mas com ingredientes de qualidade, que não precisam de muitas firulas para se transformar em iguarias. Deleito-me fechando os olhos e descobrindo com que especiarias e temperos foram preparados.

Meus amigos Jesús e María já sabem que esse jogo me fascina quando me convidam para jantar na casa deles. Gosto do momento em que minhas papilas gustativas descobrem um sabor inesperado e como minha mente se concentra em decifrar em seus "arquivos de memória" o que é aquilo que estou saboreando. "É funcho. Não, não, não. Espere, não diga. Não é isso... É gengibre!" E assim os jantares se prolongam até altas horas da noite, entre conversas amenas e degustações culinárias.

Mesmo que você não goste de comer como eu, uma coisa é indiscutível: só você pode perceber o que suas papilas gustativas identificam.

## Comer sozinho lhe dá liberdade

Quando você vai comer fora com alguém, a hora de escolher um restaurante pode ser uma odisseia. Diversas intolerâncias, alergias e fobias a certos alimentos dificultam uma escolha que satisfaça a todos. E não só no que diz respeito ao restaurante, mas também aos pratos a escolher.

No entanto, quando decide viver a experiência de ir a um restaurante sem outra companhia além da sua, tudo se torna mais simples. No entanto é verdade que hoje em dia, já que a maioria dos restaurantes tem wi-fi e quase todos nós carregamos nosso smartphone conosco, a experiência de comer "sem companhia", sem trocas de mensagens e de e-mails ou sem redes sociais é bastante complicada.

Convido você a também guardar o celular no bolso ou na bolsa quando for comer sozinho, assim como faz quando vai jantar com alguém. Conte com sua companhia na hora de degustar delícias suculentas. Do que mais precisa?

Em relação aos cardápios, eles estão cada vez mais adaptados às opções individuais, e vai desaparecendo esse conceito de "pratos no mínimo para duas pessoas" em refeições que, faz relativamente pouco tempo, era impossível desfrutar individualmente, como os risotos.

## DESMISTIFICANDO LENDAS URBANAS

Conversando um dia com Andrés Pereda, chef internacional do grupo Kabuki, ele me disse que nos restaurantes não se cumpre a lenda terrível de que os clientes que vão comer sozinhos são maltratados, posicionados nas piores mesas ou nem sequer podem fazer reservas. "Posso lhe garantir que o cliente que vem sozinho é tratado da mesma maneira que os de qualquer outra mesa. Você nunca sabe quem está ali comendo, pode ser uma guia gastronômica ou um crítico, que costumam se identificar no fim da refeição", afirmou o chef.

As mesas individuais não são mais ocupadas por gente de negócios que está na cidade a trabalho. Cada vez mais *food lovers* decidem o que querem para o café da manhã, o almoço ou o jantar, e ocupam uma mesa cercados do parceiro, de grupos de amigos ou da família, seja o dia que for. O que compartilham os que estão de passagem em uma cidade a trabalho, os solitários gourmet e os que vão acompanhados àquele mesmo restaurante são os desejos de desfrutar pratos elaborados. Contudo, obviamente, uns e outros vão viver a experiência de maneira distinta.

Para ser um solósofo, a experiência de pedir uma mesa para uma pessoa em um restaurante faz parte do processo de iniciação. Se você ainda não passou por isso, há apenas uma recomendação: deixe os preconceitos em casa e saia disposto a desfrutar esse tempo consigo mesmo e os pratos que vão lhe servir.

Recordo que em uma consulta Clara me contou como se sentira ao ir almoçar sozinha em um restaurante pela primeira vez depois de sua separação:

> — *Fazia frio naquele dia, e em um restaurante perto da praia haviam fechado a vidraça do terraço na hora do almoço. Olhei várias vezes para dentro, nervosa, observando as três mesas de casais que já estavam ocupadas, e outra mesa preparada ao fundo para muitos mais fregueses. Respirei fundo e fui diretamente ao garçom para perguntar se havia uma mesa disponível. Ele olhou atrás de mim, procurando meu acompanhante, eu, vermelha de vergonha, lhe disse que iria almoçar sozinha.*

— *E ele fez cara feia ou expulsou você do restaurante?* — *perguntei, com um sorriso, já adivinhando a resposta.*

— *Que nada! Ao contrário. Acho que ficou com pena e me colocou a uma mesa de frente para o mar, em um lugar longe do barulho da mesa grande. Eu não sabia se pedia uma taça de vinho, pois pensei que talvez me considerassem uma lamentável pessoa solteira etilista. Mas disse a mim mesma: "Ora, quem se importa com o que vão pensar?" Então pedi o vinho junto com os outros pratos, quando o garçom anotou meu pedido.*

Quando não permitimos que os preconceitos ou as opiniões dos outros guiem nossa vida, vivemos experiências muito gratificantes em todos os sentidos. Então, tanto se você decidir cozinhar em casa quanto ir a um restaurante, faça com que degustar todos os alimentos se transforme em um momento especial. Portanto, escolha bem e com total liberdade o que vai comer hoje.

## *Mindful eating*, ou a alimentação consciente

Muitas pessoas afirmam que, quando comem sozinhas, tendem a se alimentar pior e de forma mais desorganizada do que quando estão acompanhadas. As comilanças sempre acontecem quando ninguém nos vê e recorremos às besteiras que temos em casa quando estamos sozinhos. Com todos esses dados, poderíamos pensar que comer só faz mal à saúde. Mas será que esse pensamento é mesmo correto?

Quando comemos acompanhados, nossa atenção está dirigida ao diálogo que temos com a outra pessoa. Tanto quando se trata de ser nosso parceiro quanto se são parentes ou amigos que não vemos há muito tempo, reunir-se para comer nos faz compartilhar com o outro como foi o dia e como anda a vida. Também há os que comem juntos, mas assistindo à televisão, sem se olhar ou conversar.

Em todos esses casos, não temos consciência do que comemos, pois damos foco ao que acontece fora de nós. No entanto, sem perceber, dividimos porções entre as pessoas presentes, coordenando ritmos e velocidades, e a conversa vai marcando pausas entre uma garfada e outra.

## EXERCÍCIO: O ÚLTIMO JANTAR

Você pode fazê-lo tanto vivendo sozinho quanto acompanhado, pois já aprendemos que o paladar é parte daquilo que a pessoa experimenta dentro da boca.

Para começar, tente recordar o que jantou ontem. Se ajudar, recrie a cena completa desde o momento em que se sentou para jantar, já fora de sua casa, em um restaurante ou na casa de algum amigo. Tente trazer à mente os pratos que experimentou e descubra quais alimentos o compunham, quais molhos ou especiarias. E se comeu sobremesa, não se esqueça de incluí-la neste exercício.

Ao fazê-lo, você talvez perceba que, embora se lembre exatamente do que jantou, não consegue descrever todos os sabores, texturas e aromas. Agora faça a seguinte pergunta a si mesmo: "Com o que minha mente estava ocupada para não prestar atenção no que eu ingeria?"

Depois desse exercício, e quando for jantar hoje, você pode escolher conscientemente se quer parar de vez em quando para se dar conta do que está comendo. Compare a experiência de comer de um modo ou de outro, a sensação de desfrutar, a percepção que tem do momento presente, das quantidades, de como seu corpo recebe os alimentos, de como seu corpo as recebe.

Por um lado, as pessoas que afirmam que quando estão sozinhas comem pior o fazem porque não têm qualquer "fiscal externo" que lhes indique se estão comendo muito ou pouco, depressa ou devagar. E, por outro, quando estamos sozinhos nos permitimos soltar as rédeas dos nossos sentimentos; é frequente usar a comida para acalmar o mal--estar emocional, o que provoca transtornos alimentares.

Para sermos mais conscientes do que comemos e responsabilizar-nos por nossa alimentação, o *mindful eating* é uma ferramenta cada vez mais utilizada, não apenas em terapias psicológicas para perder ou ganhar peso, ou para administrar o mal-estar emocional que acarreta transtornos alimentares, mas também para desfrutar mais esse ato cotidiano e dar-lhe sentido.

Trata-se de uma técnica que concentra o foco nas mensagens que o corpo nos envia enquanto estamos comendo. Ao tomar consciência disso, poderemos escolher de que maneira queremos nos alimentar. Quando nos damos conta do sabor, da textura ou da temperatura dos pratos que estão na nossa frente, nossos sentidos se afloram em sua completude. Trata-se de "desativar o piloto automático" da ingestão de alimentos e parar para perceber o que estamos fazendo.

A psicóloga Mireia Hurtado, especialista em alimentação consciente, afirma sobre esse tema que "quanto mais satisfeitos estivermos, de menos quantidade acabaremos precisando".

Definitivamente, quando comemos sozinhos, estamos nos alimentando de maneira consciente para nossa saúde e nossos sentidos.

## TATO: EMOÇÕES À FLOR DA PELE

O tato é um dos nossos sentidos mais importantes. É o primeiro que se desenvolve em um ser humano, quando ainda estamos na barriga da nossa mãe. O feto percebe suas primeiras sensações através da pele.

É relevante para a sobrevivência, uma vez que, por meio do tato, uma pessoa pode identificar a temperatura de um objeto ou do ambiente, sua textura e se aquilo vai lhe causar dor. Por isso afirmamos que as principais funções desse sentido são proteger nosso corpo dos fatores externos e nos adaptar ao ambiente.

O tato não abarca apenas as mãos, como frequentemente se pensa, mas compreende toda a pele. No entanto, não temos a mesma sensibilidade em todo o corpo; ela varia dependendo de que parte se trate ou de que tipo de contato estamos tendo. Por exemplo, não sentimos a mesma coisa quando alguns dedos nos acariciam suavemente o rosto e quando esses mesmos dedos nos fazem cócegas nas axilas.

### Todos nós temos um pouco de são Tomé

Em uma era na qual a realidade virtual é onipresente e as telas nos aproximam das pessoas, continuamos preferindo tocar-nos. No consultório vejo isso com frequência. Os pacientes, mesmo sabendo que têm a opção de fazer as sessões on-line, preferem fazê-las no consultório, com o chá e o abraço final.

O tato é o sentido mais potente e confiável que temos, acima da visão. Vemos um cachorro na rua e perguntamos:

"Posso fazer carinho?"; vamos às compras e tocamos o tecido das peças para descobrir qual sensação terá em nosso corpo; e até nossos amigos, que passam horas na academia, ao mostrarem como seus bíceps ou abdômen se desenvolveram, nos dizem encantados: "Toque, toque!"

Como aconteceu com são Tomé, que precisou colocar os dedos dentro da chaga nas costas de Jesus para acreditar em sua ressurreição, nós também confiamos mais no que nosso tato nos transmite do que em qualquer informação proveniente de outro sentido.

O tato proporciona uma sensação de segurança que o restante dos sentidos, por si só, não pode dar. O próprio Descartes o considerava "o menos enganoso e mais seguro".

Por um lado, do ponto de vista psicológico, o toque dá tranquilidade. É uma forma de certificar a existência de algo, sua presença. Quando temos medo, nos agarramos a alguém ou algo, inclusive talvez a nossos joelhos. O contato nos acalma em momentos em que as emoções transbordam. Assim, podemos dizer que o tato nos tranquiliza.

Por outro lado, quando estamos aborrecidos e alguém tenta nos abraçar ou tocar, soltamos um "Não me toque!", pois ter contato com alguém nesse momento de auge da raiva significaria perder o controle da emoção. Também reagimos assim porque deixar-nos tocar por alguém é sinônimo de nos aproximar emocionalmente da pessoa, e nesse momento suporia nos aproximar com raiva. Daí recusarmos o contato físico quando estamos bravos.

## FOME DE PELE, ESTRESSE E SOLIDÃO

Também conhecida como privação de contato, a "fome de pele" refere-se à condição real que as pessoas experimentam quando recebem pouco ou nenhum contato físico por parte dos outros.

O contato físico reduz o nível de cortisol, o hormônio do estresse. É o hormônio de luta ou fuga, que também contribui para a ansiedade e o estresse quando há hiperatividade. Portanto, o simples fato de tocar os outros evita que o cortisol se acumule e as pessoas tenham ansiedade paralisante, depressão e outras alterações do estado de humor.

Por conseguinte, os sentimentos de solidão podem estar relacionados aos sinais físicos ao nosso redor. Um dos mais importantes provém de como e com que frequência tocamos as pessoas. Um estudo publicado em 2020 pela revista *Comportamiento y fisiología humanos adaptables* descreve a conexão entre a solidão e a privação do tato. Nesse estudo, os participantes que não receberam contato humano regular se sentiram sozinhos e isolados; por sua vez, os que estiveram expostos ao contato físico regular demonstraram níveis mais baixos de abandono social.

Assim como assistir a cenas de violência nos faz contorcer de dor diante do que uma pessoa pode sentir depois de um golpe, há estudos que demonstram que, diante da privação de contato, assistir aos outros se abraçando e se tocando nos dá a sensação de estar vivendo a situação. Esse processo recebe o nome de "toque vicário". Em seu canal no YouTube, o apresentador e roteirista estadunidense Jimmy Kimmel tem um vídeo que dura em torno de dez horas com pessoas que se tocam e se abraçam para ajudar a todos aqueles que passam por privação de contato.

## Quão fina é sua pele?

Somente nós percebemos o que sentimos por meio da pele. Inclusive se estivermos acompanhados de outras pessoas no mesmo lugar, sob as mesmas condições, é provável que elas não sintam tanto frio quanto nós. E o mesmo acontece com a dor.

As raízes nervosas que percorrem nosso corpo são diferentes em cada um de nós, daí vivermos as percepções do exterior de maneira diferente. O limiar dos sentidos é diferente para cada um de nós, e isso faz nossas reações aos estímulos externos variarem com o tempo.

A pele é a parte do corpo com a qual entramos em contato com o ambiente e os outros. Por isso, a expressão "ter a pele muito fina" se refere à sensibilidade que as pessoas têm diante dos ataques da vida. Costuma-se usar, sobretudo, quando surgem reações de raiva ou tristeza.

Assim como ninguém pode nos negar o que o tato nos fez sentir, tampouco pode questionar como percebemos o entorno, como o vivemos ou como nos afeta.

## Criar o mundo com nossas mãos

O poeta espanhol Ramón de Campoamor escreveu:

*O tato é a razão dos humanos,*
*e o mundo termina*
*onde acaba o alcance das mãos.*

O poeta descrevia com estes versos a importância do sentido do tato, e de como nosso mundo termina quando tocar se torna impossível. Assimilamos a realidade quando podemos tocá-la, quando nossas mãos apalpam o que está ao nosso alcance.

Por isso, não nos conformamos em ver fotografias de pessoas que amamos ou documentários sobre lugares aos quais desejamos ir. Sonhamos em tocá-los com nossas mãos, precisamos sentir que são reais, que estamos naquele lugar, com aquela pessoa, naquele momento.

## EXERCÍCIO: EXPANDINDO SEU MUNDO

Na linha do poema de Campoamor, a fim de expandir nosso mundo precisamos que nossas mãos nos guiem e nos ensinem tudo aquilo que ainda não conhecemos. Assim, para este exercício, você só vai precisar das mãos.

Para começar, percorra com a ponta dos dedos partes do seu corpo que você não costuma levar em conta, como a nuca, as pálpebras, os joelhos e o peito dos pés. Acaricie-os sem pressa e descubra que sensação o tato lhe provoca.

Agora vamos explorar o mundo que lhe cerca.

É provável que você nunca tenha parado para sentir o tecido da poltrona em que está sentado, ou a capa e as folhas deste livro que tem nas mãos. Tudo o que está fora de você é suscetível de ser explorado e, portanto, de ser tocado. Descubra como sua mente se comporta ao perceber texturas novas nos objetos, temperaturas diferentes no ambiente, diferentes rugosidades no chão que você pisa todos os dias...

Por último, descubra mundos novos também nos outros e crie vínculos mais próximos com eles. Tenha mais contato físico com seus entes queridos; toque-os suavemente ao falar, abrace-os ao encontrá-los e ao se despedirem; e não se reprima ao ver que há um cílio na bochecha ou no suéter deles. Tire-o!

Tocar aquilo que nos cerca o torna real. Então torne seu mundo real e o expanda quanto quiser.

VIVER OS CINCO SENTIDOS 117

Ninguém pode tocar por você o que está diante de seus olhos. Ninguém vai sentir o que você sente com essa carícia ou ao calor do fogo. Por isso, como futuro solósofo, aprender a perceber o mundo com as próprias mãos vai lhe permitir descrevê-lo a partir de sua experiência, com suas palavras, com o que sentiu.

Não se conforme com o relato da experiência alheia e procure espaços para experimentar a vida com o seu tato, a sua sensibilidade.

## AUDIÇÃO: A MÚSICA DA VIDA

Os sentidos são o conjunto de processos fisiológicos do sistema nervoso que nos permite captar estímulos do ambiente, ou seja, perceber informações do que acontece em nosso entorno para agir e responder de forma adequada. Além disso, são os mecanismos que permitem nos comunicar com o ambiente e responder ao que acontece ao nosso redor.

Entre os cinco sentidos, a audição é um dos mais significativos. Permite-nos captar os sinais do exterior e tomar decisões, como fugir de perigos ou nos comunicar verbalmente com outras pessoas. Captamos vibrações do ambiente, que nosso cérebro transforma em informação para então decidir o que fazer.

Enquanto está lendo este livro, você percebeu os sons que chegam de fora da sua pele? Dedique alguns segundos para percebê-los e avalie se não lhe agradam as vibrações que chegam. Se for preciso, não hesite em mudar de lugar para escolher o que quer ouvir. Embora não tenha consciência disso, ou embora seja de maneira passiva, o que lhe chega do exterior afeta o que você sente. Vamos ver isso no próximo capítulo.

## Contaminação acústica

Assim como acontece com os outros sentidos, cada pessoa percebe os sons não apenas em função de como são captados no ambiente, mas também por como alcançam seu cérebro e como são transformados e interpretados nele.

Há sons que podem ser incômodos para você e agradáveis para uma pessoa que esteja por perto. Sobre esse tema, foram feitas pesquisas muito interessantes. Por exemplo, descobriu-se que, independentemente da cultura que se tenha ou do país de origem, há certos sons que são mais agradáveis para o ouvido humano: os aplausos, o riso de um bebê, os trovões e a água corrente.

Em comparação a esses sons agradáveis, há outros que nos provocam mal-estar físico e psicológico e também incômodo, que são o que definimos como "ruído".

Nem todos os sons são ruídos, nem todos os ruídos provocam contaminação acústica. A OMS define como ruído qualquer som superior a 65 decibéis (dB). Se supera os 75 dB o ruído se torna prejudicial, e doloroso a partir dos 120 dB. A organização também indica que, para que o descanso e o sono rejam reparadores, o ruído ambiente não deve exceder 30 dB.

Entre os diferentes elementos que podem provocar contaminação acústica, os principais são o tráfego de automóveis,

## VIVER OS CINCO SENTIDOS

os aviões, as construções ou reformas, os bares, restaurantes e terraços e os latidos ou uivos de cachorros.

Segundo um estudo de 2017, a cidade mais contaminada acusticamente do mundo é Guangzhou, na China; Barcelona ocupa o sétimo lugar; Paris, o nono; e Buenos Aires fecha o *top 10* do ranking. Então, se você vive em uma dessas cidades, tente procurar espaços silenciosos e meios para dormir em completo silêncio, pois, como veremos a seguir, a contaminação acústica tem efeitos físicos significativos nos seres humanos.

Os sintomas mais frequentes encontrados em pessoas submetidas a ruídos contínuos são: dor de cabeça, aumento da pressão arterial, agitação respiratória, gastrite, colite e até infartos. Também pode provocar ansiedade, depressão, fadiga, alterações da memória e da atenção, assim como a capacidade de concentração e alterações no sono e no descanso, que podem trazer consigo episódios de agressividade.

Assim como nosso cérebro precisa de quatro afagos para se recuperar do dano mental e emocional de quando nos xingam ou quando xingamos, a audição precisa de pouco mais de 16 horas de repouso e silêncio para compensar duas horas de exposição a 100 dB.

## O PÉSSIMO COSTUME
## DE DORMIR OUVINDO RÁDIO

Muitas pessoas se acostumam a dormir com o rádio embaixo do travesseiro ou com a televisão ligada. Os motivos podem ser desde abafar o barulho da cidade, não suportar o silêncio noturno até emudecer os pensamentos obsessivos que aparecem quando estamos na cama.

Esse ruído gera um sono fragmentado e pouco profundo que impede os processos de recuperação mental e física do corpo, e provoca sintomas similares aos da contaminação acústica: fadiga, estresse, sonolência diurna, baixo rendimento e concentração, assim como um estado de humor alterado.

E se você estiver tentando perder peso, pode esquecer o rádio ou a televisão para dormir. A produção de melatonina, hormônio que é liberado à noite enquanto descansamos, ajuda a combater a obesidade e a diabetes tipo 2. Se há sons ou luz (natural ou artificial), esse hormônio não é liberado e por isso o descanso e o emagrecimento, que estão ligados à recuperação física, se tornam inviáveis.

Agora que vimos que existem sons prejudiciais a todos, vamos procurar aqueles que nos tranquilizam e com os quais podemos nos aproximar um pouco mais da solosofia.

## Sons que dão paz

A música é um dos campos artísticos mais variados. Desde as batidas com varas ou as próprias mãos na madeira que executavam ritmos na pré-história até as canções que podemos criar hoje em dia no computador, houve uma evolução considerável.

Durante as diferentes épocas, os gostos musicais foram mudando e dando lugar a uma grande quantidade de estilos que coexistem hoje em dia. "Concerto para piano em sol maior", de Maurice Ravel; "You Are The First, My Last, My Everything", de Barry White; "Rata de dos patas", de Paquita la del Barrio; ou "Mediterráneo"; de Joan Manuel Serrat: estas são algumas das canções que você pode encontrar em minha lista de favoritas do Spotify. Uma mistureba, não é mesmo?

A esta altura do curso de solosofia que você está fazendo, já deve ter percebido que um dos principais pontos para torná-lo especialista na matéria é não prejulgar e aceitar que tudo é valido. E com o sentido da audição e dos gostos musicais também acontece o mesmo. Não é todo dia que você tem vontade de ouvir o mesmo estilo musical, e não é problema carecer de um gosto definido. A única coisa que importa é que o que ouça seja agradável para você e tenha consonância com as emoções que tem ou deseja ter no momento.

## EXERCÍCIO: SEPARAR O JOIO DO TRIGO

Costumo dizer que não podemos valorizar nem amar algo que não conhecemos. E para conhecer algo (assim como para amá-lo) é necessário tempo e atenção. Com este exercício, você vai aprender a prestar atenção aos sons que chegam do exterior e a tomar consciência de como os percebe. Assim, você vai poder criar uma pequena *playlist* pessoal dos sons que mais lhe agradam.

Para isso, primeiro vou pedir a você que preste atenção nos sons que o cercam agora. Talvez, enquanto lê, você esteja em um café, na praia, em um jardim ou em casa. Onde quer que esteja, feche suavemente os olhos e perceba que sons chegam até você. Não se trata de saber identificar o que os produz, mas, sim, de conseguir perceber a música que toca no café, dar-se conta de que a cadência das ondas do mar não é sempre a mesma, que há diferentes pássaros cantando ao redor e que o barulho de uma motocicleta não é o mesmo de um carro.

Incentivo-o a fazer este exercício em diversos ambientes e aprender a identificar as diferenças entre eles, assim como a reconhecer os que mais combinam com seu estado de espírito.

A segunda parte deste exercício é mais específica e concreta. Consiste em reproduzir uma música que você goste (pode ser de qualquer gênero musical) e diferenciar os instrumentos presentes na melodia. Neste caso, tampouco é importante nomeá-los uma vez que a resposta é perceber que a guitarra é diferente do baixo, quando aparecem os coros e as múltiplas vozes que o compõem, ou que o violão não soa como o violino. Você vai ver que, ao ter identificado os sons separadamente, ouvir de novo a canção vai ter outro significado para você.

Embora seja verdade que há sons e canções que nos evocam uma determinada emoção, o que gostamos na música e nos sons é para onde nos transportam. Parece que, como vimos anteriormente, os trovões estão entre os sons menos desagradáveis para o ouvido humano. No entanto, se no passado você ficou preso em uma cabana ou no carro durante uma tempestade, a partir desse momento talvez o som de trovões não lhe seja tão agradável. Ou talvez uma canção faça sua alma se partir ao meio cada vez que a ouve ao rememorar um amor já passado.

Por isso, um solósofo não vai lhe dizer como você tem que perceber os sons do exterior, nem vai saber — se você não disser a ele — como o fazem sentir. O modo como os sons chegam até você, como o transformam e o que lhe fazem sentir é algo que você não pode compartilhar com ninguém. Então, não se assuste ao ir a um show sozinho ou dar um passeio para ouvir tudo o que o envolve. Mesmo que alguém estivesse a seu lado, não captaria os sons da mesma maneira. E aí reside a magia da solosofia: sua singularidade na hora de viver o que o envolve é o que torna você especial e diferente dos demais.

## VISÃO: A FELICIDADE ENTRA PELOS OLHOS

A comida, os objetos e inclusive as pessoas entram pelos nossos olhos. Ao menos dizemos isso popularmente. Porque, assim como acontece com o restante dos sentidos, os olhos apenas transformam os sinais luminosos em impulsos elétricos, que o cérebro se encarrega de traduzir no que vemos, ou seja, os olhos nos permitem captar os sinais do exterior e é nosso cérebro que os transforma em imagens.

A visão é, provavelmente, o sentido mais desenvolvido do corpo humano. E a prova disso é o fato de que somos capazes de diferenciar mais de dez milhões de cores diferentes e enxergar objetos muito pequenos, até 0,9 milímetros.

## A grande beleza

Estudiosos de diversos campos, como a psicologia, a filosofia e a neurociência, ainda não souberam definir o que é a beleza. Em 1756, o filósofo Edmund Burke escreveu: "A beleza é, em sua maior parte, certa qualidade presente nos corpos, que atua mecanicamente sobre a mente humana por intervenção dos sentidos."

Não há dúvida de que nos sentimos atraídos por ela, mas não há um conceito objetivo sobre o que é. No entanto, podemos afirmar que existem certos padrões culturais e evolutivos a respeito do que nos entra pelos olhos.

Quanto à arte, existem diferenças culturais significativas. Por exemplo, a preferência japonesa pela assimetria ou o imperfeito (*wabi-sabi*) contrasta com o ideal ocidental de simetria e equilíbrio.

## A PERCEPÇÃO VISUAL NÃO É UMA REGRA EXATA

Recordo uma anedota que um professor nos contou na universidade sobre as diferenças na percepção da realidade e me chamou muito a atenção.

Alguns especialistas estavam estudando uma estrela que haviam descoberto recentemente. Os astrofísicos, os astrônomos e o restante dos eruditos do observatório estavam muito empolgados. O diretor desse estudo olhou pelo telescópio e anotou as coordenadas. No entanto, um astrônomo do observatório que também estivera estudando a estrela com atenção disse que, em sua medição, o corpo celeste diferia em alguns segundos nas coordenadas. O diretor pediu a todos os especialistas ali reunidos que determinassem qual dos dois tinha razão. E para sua surpresa, outros três astrofísicos anotaram coordenadas diferentes das já citadas, todas por meros segundos, mas, de qualquer forma, significativas.

Naquela aula, que até hoje ainda recordo, aprendi que, mesmo com os aparelhos e os meios mais sofisticados, cada um percebe a realidade de maneira diferente. Não importa que estejamos vendo o mesmo, pois a percepção do que vemos e como nosso cérebro interpreta varia de uma pessoa para a outra.

Semir Zeki, professor de neuroestética — ciência que estuda as bases neuronais da apreciação da arte — na University College London, encontrou um fator único em comum entre todas as pessoas que veem beleza nas artes plásticas e na música: a atividade que se produz no córtex orbitofrontal, onde reside o centro de prazer e recompensa do cérebro.

Quanto à beleza física, independentemente da cultura, parece que são preferidos os rostos que tendem a ser simétricos, ou seja, que ambos os lados do rosto não difiram muito na forma.

No entanto, a história da arte nos revela de forma nítida como o conceito de beleza física foi mudando ao longo dos séculos. As esculturas gregas, as madonas do Renascimento ou as formas arredondadas de Botero são um exemplo explícito de como a percepção da beleza se transforma sem parar.

Uma coisa é o cânone de beleza que no momento reina nas passarelas, nas revistas e no cinema. E outra, muito diferente, é o que cada pessoa, mais além do que preguem esses cânones, percebe como beleza ou se sente atraída.

Não gostamos da beleza, mas do que nos provoca emoção, o que faz nossa pele arrepiar, o que nos arranca um sorriso. Pois então se você sente que não está dentro dos cânones de beleza postulados, sinta-se especial e diferente. Rompa modelos e seja genuíno.

## EXERCÍCIO: DESFRUTAR A ARTE

Seguindo o caminho da descoberta e a prática da solosofia, nesta ocasião o exercício que lhe proponho está centrado em desfrutar este sentido em sua companhia.

Para isso, procure algum filme em cartaz em um cinema perto de você ou uma exposição que chame sua atenção. Pode ou não ser algo que você já conheça. A aventura de não saber o que vai estar na sua frente e não prejulgar fazem parte do processo de iniciação para ser um solósofo de primeira.

Tenha ou não feito isso alguma vez, convido você a experimentar. O objetivo deste exercício é você perceber que o prazer de desfrutar um filme ou uma exposição passa por você e só por você; é você quem capta, interpreta e sente o que seus olhos estão vendo.

Ao sair do cinema ou da exposição, convido você a dar um passeio na volta para casa, com o propósito de integrar o que acabou de ver, sem compartilhar com alguém. Forme as próprias opiniões e, no dia seguinte, se sentir necessidade de comentar com alguém, faça-o.

## Diga-me que cores o cercam e lhe direi como se sente

O sentido da visão é o que nos dá informações sobre o entorno que nos cerca através da luz, pois no escuro tudo parece adotar uma tonalidade única e as cores parecem não existir. Daí que, quando alguém se veste de preto ou quando um ambiente é muito escuro, dizemos que não é iluminado e parece lúgubre, física e emocionalmente falando.

As cores nos ajudam a nos expressar, e também têm a capacidade de alterar e modificar nosso estado de espírito. O campo dedicado ao estudo da função e do significado das cores e do efeito que nos provocam é a psicologia das cores.

Cada cor tem um significado próprio e impacta o cérebro de determinada maneira. "A cor é um meio para influenciar diretamente a alma", dizia o pintor Wassily Kandinsky. Mais do que isso, as cores podem influenciar nossas decisões, nosso bem-estar e nossa atitude.

As equipes de marketing sabem bem que em 90% das decisões finais na hora de comprar um produto a cor é determinante. Por isso dão tanta importância às cores que serão usadas na criação do logotipo de um novo produto ou na decoração de uma loja.

A respeito do bem-estar que certas cores proporcionam, foram estudadas quais tonalidades afetam de forma positiva o rendimento, a produtividade e a sensação de bem-estar das pessoas no local de trabalho, e o verde é a cor que mais proporciona benefícios.

Também foi estudado o significado emocional das cores. Ter essa informação pode nos ser útil na hora de pintar ou decorar um quarto ou escritório, de criar um ambiente em casa e, inclusive, de nos vestir. Alguns exemplos do significado e dos efeitos das cores são os seguintes:

- *Azul*. Os espaços com predominância desta cor reduzem os índices de depressão e promovem o bem-estar, pois ela sugere confiança, segurança, simpatia e harmonia.
- *Vermelho*. Trata-se da cor mais vigorosa, vinculada à força e à vida, mas também à agressividade. Associamos o vermelho ao amor, mas também ao ódio; por isso se diz que é a cor de todas as paixões.
- *Preto*. É a cor da noite, do recolhimento. Em muitas culturas é associada à tristeza e à dor.
- *Branco*. Definida como a cor mais perfeita, representa os inícios, por um lado, e a inocência e a pureza, por outro. É vinculada também às sensações de tranquilidade e paz.
- *Marrom*. Relaciona-se com a ecologia, com o murcho e o antiquado. Evoca a terra e a natureza, por isso é uma cor que traz serenidade. Também é associada a sentimentos de passividade e tristeza.
- *Amarelo*. É considerado contraditório pelos especialistas em psicologia das cores. É vinculado ao otimismo, mas também à insegurança, assim como à impulsividade e ao entendimento. É conhecido também como a cor da traição.
- *Verde*. É associada à esperança, pois se relaciona à experiência da primavera, ou seja, da renovação e do renascimento. É a cor da vida. É usada em técnicas

de relaxamento, pois, como dizia Kandinsky: "Verde é a cor mais tranquila que existe."

Agora que você já conhece os efeitos que as cores provocam, vai poder decidir de forma consciente qual cor usar em cada ocasião (inclusive para mudar seu estado de humor), de qual cor pintar os cômodos de sua casa ou de seu lugar de trabalho ou quais cores vai precisar para seu novo logotipo.

Também vai poder escolher que espaços naturais precisam integrar sua vida. Recorde que o mar transmite serenidade e calma, que estar cercado por plantas ativa nossa criatividade, que as florestas mexem conosco no mais profundo do nosso ser e que observar amanheceres e entardeceres nos apaixona e facilita a reflexão e o entendimento. Na natureza estão as respostas, e como solósofos não podemos nos esquecer de recorrer a ela sempre que precisarmos.

## OLFATO: VIAGEM AO CENTRO DA MEMÓRIA

Através de ondas, impulsos ou contato, todos os sentidos nos dão informações sobre nosso entorno, mas também nos ajudam a nos conhecer melhor, a identificar do que gostamos e de que maneira queremos nos relacionar com o que nos cerca.

Nos últimos anos, nossa cultura se viu invadida pela imagem e pelo som: as telas, os alto-falantes e os fones de ouvido são cada vez mais sofisticados e de melhor qualidade. Parece até que predominam a visão e a audição e os

VIVER OS CINCO SENTIDOS

131

outros sentidos são empurrados para um lugar secundário, e por isso foi subestimada a importância do olfato.

O sistema olfativo é um dos sentidos menos compreendidos devido ao fato de não poder ser estudado com facilidade. Sabemos dele algumas coisas que o tornam o sentido mais curioso e fascinante que temos. Por exemplo, é dez mil vezes mais sensível do que qualquer outro de nossos sentidos e, ao contrário dos demais, a informação que chega até nós pelo nariz não viaja através dos neurônios e da medula espinhal antes de chegar ao cérebro, mas vai diretamente a ele.

Graças a pesquisas recentes, também sabemos que o odor estimula o sistema nervoso central, o qual altera o estado de humor, a memória e os sistemas imunológico e endócrino. Além disso, repercute na escolha de um parceiro por causa dos feromônios e inclusive pode nos indicar alguém com problemas de saúde.

Diversos estudos psicológicos indicam a existência de sete odores primários: alcânfora, almíscar, flores. menta, éter, ácido e podre, cheiros que correspondem aos sete tipos de receptores existentes nas células da mucosa olfativa. No entanto, dados divulgados nos últimos anos sugerem que há pelo menos cem odores primários.

Do ponto de vista fisiológico, o sentido do olfato e o do paladar estão relacionados entre si e fazem parte de nosso sistema sensorial químico. Quase tudo que consideramos sabor (cerca de 95%) é detectado pelo olfato, e o cérebro analisa e interpreta a informação olfativa.

Existem diversas anomalias associadas a este sentido, tais como anosmia (ausência de olfato), hiposmia (diminuição da sensibilidade olfativa), disosmia (sensação olfativa distorcida) ou parosmia (alucinações olfativas), entre muitas outras. Muitas pessoas afetadas por essas patologias estão impedidas de obter uma informação adequada de nosso entorno por meio desse interessante e essencial sentido.

## Álbum de recordações olfativas

Já aconteceu de você estar andando na rua e cruzar com um desconhecido cujo perfume lhe trouxe à mente uma pessoa conhecida? Ou de o cheiro do pão saindo do forno lhe recordar algum momento de sua infância, quando seus avós preparavam o lanche antes de você sair para brincar? Essa associação que fazemos entre um aroma e uma recordação se chama "memória olfativa".

As fossas nasais captam um estímulo e enviam diretamente um sinal ao bulbo olfativo. Este recebe a informação e a distribui a diferentes partes do cérebro, sobretudo ao sistema límbico. A amígdala — que é um elemento-chave para a sobrevivência, pois recebe e transforma as emoções para ativar uma resposta — conecta esse aroma a uma emoção e o hipocampo relaciona esse odor a uma recordação na memória. Assim são formados os laços que criam a memória olfativa.

Uma vez que as vivências que tivemos diferem umas das outras, os aromas que percebemos não têm o mesmo significado para todos nem são igualmente agradáveis. Por isso, nossa relação com o entorno e com o que experimentamos na vida é especial e particular para cada pessoa, também no que diz respeito ao sentido do olfato.

## EXERCÍCIO: FAÇAMOS POTES DE CONSERVA COM NOSSAS RECORDAÇÕES

Como vimos, o sentido do olfato nos faz viajar ao passado e reviver emoções. Para este exercício, vamos mergulhar nas profundezas da nossa mente de maneira consciente e experimentar que sentimentos nos evocam tais recordações.

Para a primeira parte deste exercício, vou lhe pedir que associe os aromas com os quais se depare em seu dia a dia a outros que já conhece. Por exemplo, se parar para cheirar um jasmim branco, mentalmente abra a gaveta de todas as flores que já conhece e acrescente esse aroma. A mesma coisa com os alimentos, como um tomate recém-colhido ou uma garrafa de vinho ao ser aberta.

Quando tiver organizado as diferentes gavetas de sua memória olfativa, nesta segunda parte do exercício procure no passado em que momento sentiu esse aroma e o que lhe evoca. Não procure essa recordação conscientemente, apenas cheire o que está na sua frente, sem pressa, e deixe que seu hipocampo lhe traga para o presente uma história que você já viveu associada a esse cheiro.

## Ter um olfato de cão de caça

Miguel me disse certa vez que sabia bem quando alguém da família havia estado em casa durante o dia pelo cheiro. "Identifico todos e até sei em que cômodo estiveram", afirmava com um sorriso astuto. "E quando alguém que não conheço vai lá em casa, como não tenho seu cheiro registrado, também logo percebo."

Assim como uma pessoa pode ser muito observadora dos detalhes visuais, saber se alguém mudou uma xícara de lugar ou identificar sons distantes ou sussurrantes quando ninguém mais os ouve, pessoas como Miguel, que têm o sentido do olfato muito desenvolvido, identificam o ambiente e as mudanças que nele aconteceram quando mal acabam de entrar em um cômodo ou enquanto caminham pela rua.

O olfato é um sentido passivo, ou seja, não temos que fazer algo para perceber os odores que nos cercam. Ao respirar entram na gente os cheiros que nos cercam e vão diretamente para o cérebro, onde são reconhecidos e associados ou classificados como novos.

Pessoas como você, que estão descobrindo a arte da solosofia, também podem aprender a desfrutar a si mesmas por meio do sentido do olfato de várias maneiras. Por um lado, você pode procurar no baú da memória suas recordações associadas a aromas. Para isso, se pergunte "Onde senti este cheiro antes?", para que seu hipocampo seja acionado.

Por outro lado, você pode praticar a solosofia através do olfato sentindo em seu dia a dia o que o cerca, cheirando de maneira mais consciente os ambientes em que está, os alimentos que ingere, as pessoas que estão à sua volta.

## PROPRIEDADES CURATIVAS DOS ODORES

A aromaterapia é uma terapia complementar que usa óleos essenciais de plantas aromáticas (suas flores, folhas, sementes, cascas e seus frutos) para aliviar sintomas físicos. São extraídas mediante um processo de destilação a vapor e usadas através de difusores ou combinadas com algum óleo para massagear o corpo.

Dependendo do efeito que desejemos obter, os diferentes aromas produzem efeitos específicos em nós. Os usos mais frequentes de óleos essenciais são os seguintes:

- Relaxantes: lavanda, camomila, jasmim branco, incenso, mirra e flor de laranjeira.
- Revitalizantes: limão, semente de toranja, zimbro, baunilha, gerânio, alecrim.
- Estimulantes: hortelã, melão, coco, canela, cravo.
- Antissépticos: lavanda, óleo de árvore-do-chá, eucalipto.

Por exemplo, quando termino as jornadas no consultório, quando as consultas são presenciais, levo comigo todos os aromas dos pacientes que atendi, depois de um longo abraço no fim da sessão. Gosto de voltar para casa "com eles".

# 4

## CONVIVER SEM DESISTIR

Estamos, diariamente, em contato com muitas pessoas. Algumas delas são muito significativas para nós. Por meio da prática da solosofia, por mais contraditório que pareça, convido você a melhorar sua relação com os outros ao levar você mesmo mais em conta.

Em resumo, trata-se de desfrutar a vida com a própria companhia, sem depender nem se sentir amarrado àqueles que o cercam.

Para isso, é fundamental definir quem você é, e é indispensável descobrir isso em solidão. Ninguém pode fazer isso por você, embora muitos tentem, colocando-lhe rótulos ou dizendo como deve viver sua vida; inclusive talvez você mesmo os convide a fazer isso ao não saber que decisões tomar nem como deve agir.

No fim das contas, é você quem estabelece seus pensamentos, sentimentos e suas ideias, não os outros. No entanto, essa tarefa solitária e reflexiva não pode acontecer se não estivermos em contato com os outros, pois aprendemos com nós mesmos quando nos relacionamos com as pessoas que são significativas para nós.

Para isso, e ao longo deste capítulo, vamos explorar quatro tipos de contato cotidiano que costumamos ter: o parceiro, a família, os amigos e os colegas de trabalho, e veremos de que maneira é possível escolher se vincular a eles a partir da solosofia.

## SEU JARDIM SECRETO

O segundo capítulo deste livro se dedica às relações de casal e à importância de se conhecer e passar mais tempo a sós consigo mesmo para desenvolver relações mais saudáveis.

Nesta seção, vamos abordar dois temas que considero cruciais para desenvolver uma convivência enriquecedora na vida em casal: os compromissos que cada um assume e os jardins secretos.

### Quanto mais faço, menos você faz

"Essa coisa de amar sem esperar nada em troca só é bonita nos contos de fadas. Na vida real, porém, um amor maduro exige um delicado equilíbrio entre dar e receber, porque tudo aquilo que não é mútuo acaba sendo tóxico", disse certa vez Bert Hellinger, um teólogo alemão conhecido por ser o criador das constelações familiares.

Acredito nisso e é assim que vivo. Dar sem receber causa esgotamento e como consequência faz a fonte esvaziar. É na reciprocidade e no equilíbrio que se sustentam as relações saudáveis.

No entanto, com muita frequência vejo relacionamentos amorosos nos quais uma das partes carrega o peso da tomada de decisões e do funcionamento.

Em seu livro *The Dance of Anger* [A dança da ira, em tradução livre], a terapeuta estadunidense Harriet Lerner descreve as relações como uma gangorra na qual quanto menos faz um dos membros, mais o outro tem que fazer para que fiquem equilibrados. Lerner usa os conceitos de "infrafuncionamento" e "sobrefuncionamento" para diferençar tais padrões.

No entanto, essa definição não tem a ver apenas com as decisões e tarefas domésticas que o casal assume, mas também com o âmbito emocional.

Por exemplo, se um dos membros começa a assumir o papel de fraco, vulnerável, dependente, e o outro não assume ou rejeita esses atributos em si mesmo, é provável que a energia emocional do segundo seja mais dirigida para reagir e resolver os problemas do primeiro, em vez de cuidar dos próprios ou, inclusive, compartilhá-los.

O infrafuncionamento e o sobrefuncionamento se retroalimentam de maneira contínua, de modo que fica cada vez mais complicado nivelar a relação. Quanto mais uma parte do casal evita mostrar sua vulnerabilidade, dependência e fraqueza, mais provável é que a outra parte expresse exageradamente o que lhe corresponde. E vice-versa.

E, finalmente, quando a pessoa que infrafunciona resolve mudar e mostrar sua força e garra, a parte que até então era afirmativa e forte pode agir de duas maneiras: opor-se à mudança de papéis e atacar para manter seu sobrefuncionamento ou aceitar a mudança de papéis, revelando suas fraquezas e debilidades. E de novo se volta para o desequilibrado equilíbrio.

## EXERCÍCIO:
## EM QUE LADO DA GANGORRA VOCÊ ESTÁ?

Para fazer este exercício, não é necessário que você tenha um parceiro. Você pode fazê-lo com uma pessoa com a qual sente que tem um vínculo especial ou com quem se relacione com frequência (pode ser um amigo, colega de trabalho, irmãos etc.). No entanto, tem que ser alguém com quem tenha uma relação de igual para igual, ou seja, não pode ser um filho, pai, chefe ou funcionário.

Agora, repasse como é a relação de vocês. Para isso, estas perguntas podem ajudá-lo:

- Quem costuma ligar para combinar de se encontrar?
- O desabafo emocional vem de ambas as partes? Ou, pelo contrário, é só uma das partes que conta seus problemas e alegrias?
- Quando você pede ajuda a essa outra pessoa, não importa o tipo, ela se comporta da mesma maneira de quando é você quem lhe oferece apoio?
- Quando você conta um problema para essa pessoa ela tenta resolvê-lo para você ou o escuta e confia em sua capacidade de dar conta?

Com as respostas você vai poder perceber o nível de equilíbrio da gangorra de vocês. E agora que você já sabe como é prejudicial retroalimentar esse tipo de relação, pode tomar pequenas atitudes para tomar mais partido e estar mais presente (se tende a infrafuncionar) ou parar e dar confiança ao outro para que caminhe sem que você guie seus passos (se costuma sobrefuncionar).

Lerner sugere que foi a cultura que designou o lugar inferior na gangorra às mulheres. Eu me recuso a acreditar nisso. É verdade, durante séculos pode ter existido esse sistema no funcionamento dos casais, mas com o trabalho emocional que tantos homens e mulheres estão fazendo para chegar à equidade também em nível emocional, esses papéis já não dependem tanto do gênero, mas das decisões que cada um vai tomando sobre como deseja se relacionar com o parceiro.

## Não ultrapasse

— *Pablo e eu não temos segredos. E para onde um vai, o outro sempre vai também* — *disse-me certa vez Marta, sorrindo.*

— *E você sente que isso é saudável para vocês?* — *perguntei.*

— *Não sei... Mas sempre tivemos esta relação: os amigos de um passaram a ser amigos do outro; a mesma coisa com os gostos, as séries que vemos...* — *respondeu, mudando a expressão e baixando o tom da voz.*

— *Então, você não sabe com nitidez do que gosta e o que faz por e para você e o que faz por costume e por ele, não?* — *sugeri com curiosidade.*

Observo que muitos casais funcionam como Marta e Pablo: entendem o amor a partir da fórmula $1 + 1 = 1$, da qual já tratamos no Capítulo 2. Então, vimos como é prejudicial viver os relacionamentos seguindo esse modelo, e a alternativa mais saudável: $1 + 1 = 3$ (você + eu + nós).

A partir desse modelo, um dos aspectos a levar em consideração, e ainda mais quando o casal já está convivendo, é o "jardim secreto" que cada um cultiva. Este se define como o espaço próprio onde a individualidade de cada um se mantém intacta enquanto se está em um relacionamento.

Um jardim secreto é um lugar, um grupo de pessoas, um passatempo... qualquer coisa que ajude a nos reencontrar com nós mesmos, em que possamos ser quem somos livremente, reinventar-nos.

Logicamente, isso implica também qualquer atividade que nos faça desfrutar, em que possamos nos sentir próximos e compartilhar nossas inquietações com outros, sem que nosso parceiro tenha de estar presente e sem que nos sintamos obrigados a lhe contar detalhadamente o que aconteceu nesse espaço.

Eu não gostaria que este conceito criasse confusão: ter jardins secretos não significa mentir ou enganar o parceiro sobre o que fazemos, com quem e quando. Está muitíssimo longe disso.

O conceito de jardim secreto é baseado na confiança, no respeito e no cuidado com o outro, por ambas as partes.

Ou seja, se ambas as partes do casal vivem a partir da solosofia, da arte de estar sozinho e de cuidar de si mesmo para que seus relacionamentos funcionem de maneira mais saudável, elas vão reconhecer a importância do equilíbrio e dos jardins secretos. A resposta — não esqueçamos — está nos dois mudarem juntos, na visão de ambos em relação a esse vínculo e às necessidades pessoais evoluírem no mesmo ritmo, ajudando-os nesse precioso trabalho de construir uma relação.

# AMAR NÃO É POSSUIR

Josep López e Georges Escribano, no livro *Los jardines secretos* [Os jardins secretos], falam da mudança de paradigma que implica viver este novo modo de relação. "Estaríamos propondo uma nova forma de se relacionar regida por um respeito absoluto da nossa intimidade e a de nosso parceiro, na qual o amor não se confundiria com a posse", indicam os autores.

É provável cair no erro de pensar que a intimidade pessoal é uma desculpa para fugir do casal. "Nada mais distante da realidade", afirma López, e continua:

> O respeito absoluto pelo espaço íntimo do outro não apenas é compatível com o amor, mas também é condição *sine qua non* para que um casal funcione verdadeiramente como tal... E é assim porque a pessoa que conhece a própria intimidade e a valoriza é capaz de construir a partir dela, enquanto aquela que não a possui, pouco ou nada pode trazer à intimidade do casal.

Estudos psicológicos comprovaram que casais nos quais existem jardins secretos de ambas as partes têm uma relação mais satisfatória.

"Nem compartilhar tudo, nem esconder uma parte, e sim que cada membro do casal tenha um espaço próprio que cuide e ame, e no qual deixe entrar quem quiser quando quiser. E que cada um, logicamente, respeite a liberdade do outro e evite invadir seu espaço." A criação desse jardim secreto caminha junto da evolução do indivíduo rumo à maturidade e é sintoma de boa saúde mental.

# A FAMÍLIA VAI BEM, OBRIGADO

"Como foram as férias? Boas ou em família?" são perguntas feitas como piada depois do verão ou do Natal. Embora seja verdade que pareçam piada, o fato é que passar todos os dias, 24 horas, com a família pode fazer as férias se transformarem em um calvário.

Ao fim, depois de tudo, uma família é um grupo de pessoas com personalidades, gostos e interesses muito diferentes. No dia a dia, essas diferenças não são tão gritantes, pois cada um tem suas rotinas e seus horários, e, combinar algo às vezes é realmente complicado. Por esse motivo, essas diferenças e idiossincrasias que temos não são tão visíveis ou incômodas.

Seja durante as férias, seja no cotidiano, é essencial para o bem-estar individual e comunitário que cada membro encontre seus momentos para ficar sozinho e desfrutar a solosofia. Se não for assim, a sensação de viver no ritmo e da maneira dos outros se torna cada vez maior e pode chegar a oprimir.

A seguir, veremos como são formadas as famílias, de que maneira as relações se retroalimentam e como podemos fazer para que sejam mais saudáveis por meio da solosofia.

## A família vivida como uma obra teatral

No consultório, para explicar os papéis que cada um tem na família, costumo usar a metáfora das obras teatrais. Quando o diretor da peça distribui os papéis, um ator não pode interpretar dois personagens ao mesmo tempo.

O artista mergulha de tal maneira no personagem que vai interpretar com as características específicas que o representam. Por exemplo, o bufão e o herói da peça jamais poderiam ser interpretados pela mesma pessoa, pois há características físicas e psicológicas muito diferentes entre um personagem e outro. Além do mais, o choque que isso produziria nos espectadores tiraria a credibilidade da história que está sendo contada.

O mesmo acontece com os papéis que temos na família. Se o papel de mal-humorado e queixoso já foi "pego", não vai haver outro membro na família que adote essa atitude. A mesma coisa com os papéis do simpático, daquele que resolve tudo, daquele que a cada solução encontra um problema...

Não falamos, contudo, apenas de papéis quando nos referimos às atitudes que os membros de uma família adotam no âmbito interno, mas também falamos dos papéis que cada pessoa tem preestabelecidos socialmente em sua configuração: o papel de mãe, pai, filha, avô etc.

Ter conhecimento disso e agir conforme o papel estabelecido permite que possamos ter uma melhor estrutura pessoal e familiar, e que as decisões sejam tomadas de maneira mais coerente e saudável.

Acontece em muitas ocasiões que exista uma confusão dos papéis familiares: por exemplo, uma filha se comporta como mãe ou um filho assume o papel do pai. Isso ocorre quando os pais não cumprem suas funções ou não se adaptaram à evolução de seu desenvolvimento pessoal e mantêm os papéis exercidos na infância.

Guillermo me disse durante uma sessão que, quando tinha 4 anos, seu avô materno faleceu. Sua mãe ficou desolada e não parava de chorar. O pequeno Guillermo, diante dessa situação, parou um dia diante dela e lhe disse: "Você quer que a partir de agora eu seja seu papai e cuide de você?" E durante trinta anos esse foi o papel que representou com ela, o de filho/pai da própria mãe.

A confusão dos papéis familiares é uma das principais causas de problemas, brigas e distanciamentos que acontecem nas famílias.

Dedicar um tempo para refletir sobre qual papel temos e se estamos desempenhando as funções que nos cabem vai tornar a convivência com nossa família, sob um mesmo teto ou a distância, mais saudável e respeitosa para com todos os membros.

# A IMPORTÂNCIA
## DE PAPÉIS BEM DEFINIDOS NA FAMÍLIA

*Benefícios de ter papéis bem definidos:*

- Melhor tomada de decisões.
- Responsabilidades compartilhadas.
- Vínculo positivo entre os membros.
- Estabilidade emocional na família.
- Educação e convivência dentro de valores de qualidade.
- Estrutura familiar adequada.
- Ambiente familiar saudável.
- Sentimento de segurança e de melhor autoestima.
- Respeito a todos os membros da família, independentemente da posição.

*Riscos diante da ausência de papéis bem definidos:*

- Sensação de desequilíbrio entre os membros da família.
- Confusão tanto para as crianças quanto para os adultos por não saber a quem se dirigir em determinadas situações.
- Tomada de decisões arbitrárias ou erráticas.
- Método de criação indefinido e improvisado.
- Ausência de planejamento familiar.
- Economia familiar instável.
- Excesso de responsabilidade por parte das crianças e irresponsabilidade por parte dos adultos.
- Dificuldade para administrar limites.
- Desacordos constantes no lar que deixam o ambiente tenso.
- Brigas e conflitos, uma vez que outros ocupam papéis que não deveriam.

## O contágio emocional

Agora que já definimos os papéis exercidos na família, passemos a identificar a influência que ela tem em nosso modo de ser e estar.

A psicologia sistêmica é uma linha da psicologia que trabalha com grupos de pessoas, sobretudo famílias. O conceito foi emprestado da ecologia, por ter sido observado que se um membro do sistema muda, todo o sistema muda.

O Dr. Murray Bowen, psiquiatra estadunidense e um dos pioneiros no campo da terapia familiar sistêmica, foi o criador de uma teoria revolucionária para a compreensão do funcionamento familiar ao reconhecer e definir a família como uma "unidade emocional".

As famílias afetam tão profundamente os pensamentos, sentimentos e as ações de seus membros que com frequência parece que as pessoas vivem sob a mesma "pele emocional" ao estar, como afirma Bowen, tão conectadas emocionalmente.

Uma mudança no funcionamento de uma pessoa é seguida por modificações previsíveis no restante da família. Podemos perceber isso nitidamente quando um dos membros se altera. A ansiedade pode aumentar e se propagar como fogo. À medida que esta aumenta, a união familiar se torna mais estressante do que reconfortante.

A conexão emocional que existe nas famílias é tanta que Bowen as trata como "sistemas interdependentes". No entanto, essa conexão tão potente não tem razão para ser vivida como algo negativo nem temos por que desfazer esse modo de relação.

## EXERCÍCIO: TROCA DE PAPÉIS

Antes de começar, você precisa identificar o papel de cada membro da sua família. Para isso, escreva em um papel o nome de cada um (pode colocar o núcleo familiar ou também incluir outros membros, como primos, tios, avós etc.). Ao lado de cada nome anote como agem, com um ou vários adjetivos: divertido, despreocupado, tranquilo, disposto a ajudar, mal-humorado, escuta a todos, queixoso, inquieto, intelectual, que se esquiva de tudo... Não se esqueça de se incluir na lista.

É provável que você não tenha repetido papel algum atribuído a cada membro, e isso significa que os papéis em sua família estão bem definidos e ninguém sai do roteiro.

Em seguida, lhe proponho que em dois dias da semana você escolha um papel que não seja o seu e o interprete tal e como faz "seu personagem". Os dois dias podem ser consecutivos ou alternados, mas é importante que em ambos você seja o mesmo personagem.

Repita o exercício com todos os papéis que estão na sua lista, ou seja, se anotou que são sete membros — pai, mãe, dois irmãos, você e duas avós —, serão seis semanas de exercício, pois você já atua normalmente em seu papel.

Reflita sobre como foi fácil ou difícil para você assumir os papéis dos outros, e o que aconteceu na família nos dias em que você colocou o exercício em prática. Percebeu alguma mudança de comportamento nos outros? Que papéis eles assumiram? Se não gosta do papel que tem em sua família, acha que poderia trocá-lo por outro?

A interdependência emocional serve para promover a coesão e a cooperação familiar. Precisamos de atenção, aprovação e apoio, e reagimos às necessidades, às expectativas e aos aborrecimentos dos outros.

No entanto, se não aprendemos a administrar o impacto que as emoções dos outros têm em nós, diante das tensões diárias, a família pode transbordar, o que vai gerar problemas em todos os seus membros.

Seguindo com a teoria de Bowen, se não são colocados limites a esse contágio emocional, quando surgir um problema ou um assunto complicado de administrar é provável que um membro da família se sinta sobrecarregado, incomodado ou fora de controle. Daí que sejam estes os que mais se esforçam para relaxar o ambiente, sacrificando o próprio estado de humor, não expressando incômodo, para que a calma volte à unidade familiar e o funcionamento habitual se restabeleça. Eles absorvem a ansiedade e os sentimentos desagradáveis dos outros. Por isso, são os membros da família mais vulneráveis e propensos a desenvolver problemas como depressão, condutas viciosas ou doenças psicofísicas.

Caso tenha se identificado com este papel de salvador da sua família, convido você a refletir com serenidade e a decidir se quer continuar ocupando essa posição. Contudo, sinceramente, desejo que a recuse e peça ajuda profissional para se livrar dessa carga e se relacionar de maneira mais saudável com sua família. Se não é você o salvador da família, mas sabe reconhecer quem exerce esse papel, convide-o a mudar.

## "Um dia saio por essa porta e não volto nunca mais"

Quantas vezes ouvimos uma mãe ou um pai dizer isso diante das pressões e exigências dos filhos, de pais idosos ou do próprio parceiro! E, obviamente, os filhos também em algum momento pensam e dizem em voz alta: "Quando crescer vou sair de casa." Os anos passam e ninguém abandona o lar.

No entanto, é habitual essa sensação de pressão e asfixia que a convivência provoca. Por isso, a prática da solosofia por parte de todos os membros da família pode ser um bom exercício para se desenvolver, se expressar, desabafar e se sentir mais plenos.

O tempo que a pessoa venha dedicar a ela própria na família pode ser para fazer exercício, ler, caminhar meia hora depois do jantar, ir passear no campo, bordar... Qualquer atividade — que não esteja relacionada com a atenção e o cuidado dos demais membros, e que suponha um prazer e um benefício apenas para você — vai ser adequada para a prática da solosofia.

Sobretudo, deixe de lado o sentimento de culpa ao aproveitar esse tempo a sós. Viver a partir da solosofia não tem nada a ver com o egoísmo ou a ideia de que você não presta atenção nos outros. Dar a nós mesmos aquilo de que necessitamos e nos equilibra facilita que estejamos em harmonia e serenidade com os outros.

Definitivamente, este conhecimento sobre o funcionamento das famílias, os papéis que assumimos e as conexões emocionais que podem ser criadas vão fazer você perceber a importância de dedicar um tempo para si mesmo, à margem de sua família, livre do sentimento de culpa.

Com a distância física, você vai poder se afastar também emocionalmente e refletir sobre todos esses aspectos. Dessa maneira, diante dos conflitos do dia a dia vai ser mais fácil identificar se seu mal-estar se deve a algum dos seguintes motivos:

1. Alguém está adotando um papel diferente.
2. Houve uma explosão emocional e a onda expansiva está arrasando a estabilidade e o equilíbrio da família.
3. Algum membro está se sentindo oprimido com as exigências e precisa de espaço e ar para si mesmo.

Essa distância e esse tempo que você vai se permitir vão ajudá-lo a enxergar as relações e os conflitos de outra perspectiva e, com isso, sem dúvida, as dinâmicas vão melhorar ao tomar outras decisões. Lembre-se da premissa da psicologia sistêmica: "Se um membro do sistema muda, todo o sistema muda."

## AMIGOS PARA QUASE SEMPRE

Assim como acontece com o amor, existem tantos tipos de amizade quanto há de pessoas. Isso faz com que as relações de amizade possam ser ambíguas e nem sempre estejam alinhadas. Alguma vez alguém lhe disse que o considerava seu amigo quando você não sentia o mesmo por aquela pessoa? Em seu grau mais extremo e exagerado, é a essa ambiguidade que me refiro.

Chamamos de "amigos" muitas pessoas com as quais temos algum tipo de relação. Contudo, também neste assunto, o dicionário nos ajuda a definir os graus de amizade. Um colega não é a mesma coisa que um companheiro, um compadre, nem, muito menos, um conhecido. Essas diferenciações marcam o significado que essa relação tem para cada um e a maneira como nos comportamos.

Mudamos com o passar do tempo, especialmente no que se refere aos gostos, interesses e valores. Ouso dizer que essas três coisas são as que definem quem somos.

Se nas mudanças que vamos fazendo ao longo da vida as pessoas que nos cercam não nos acompanham nem mudam conosco, nos distanciamos até chegar a senti-las como completas desconhecidas. "Tomara que a gente mude junto", é o que costumo dizer às pessoas que amo e com as quais desejo continuar compartilhando o caminho.

## EXERCÍCIO: SOMOS O RESULTADO DAQUELES COM QUEM PASSAMOS MAIS TEMPO

O exercício a seguir foi idealizado pelo empresário Jim Rohn e se baseia na afirmação de que "você é a média das cinco pessoas com as quais passa mais tempo". Por meio dele você vai descobrir quem são essas pessoas e, consequentemente, quem é você. Pois, como diz o provérbio espanhol, "diga-me com quem andas e te direi quem és".

Pegue um papel e uma caneta e anote os nomes das cinco pessoas com as quais você mais se relaciona ao longo do dia, sejam colegas de trabalho, amigos, parentes, parceiro, vizinhos. Depois, responda às seguintes perguntas com relação a elas:

- Se sente realizado na vida?
- É feliz e otimista?
- Alegra-se com seus êxitos e deseja que as coisas deem certo para você?
- Incentiva você quando comenta sobre novas ideias ou faz exatamente o contrário?
- Esforça-se para realizar os próprios sonhos?

Em seguida, pontue de 1 a 10 o grau de positividade de cada uma dessas pessoas, sendo 1 alguém que faz você se sentir mal e 10 alguém que faz você se sentir muito bem. Depois, tire a média das cinco, e dessa forma você vai obter a avaliação do próprio valor.

Este exercício vai ajudar você a tomar consciência das pessoas que mais o influenciam e de como o fazem se sentir. E se não gostar do que está colhendo, mude o que está semeando, ou seja, se está mais cercado por pessoas negativas do que positivas, troque rapidamente de amigos. Sua felicidade está em jogo.

## Longevidade da amizade

Não existe um tempo definido a partir do qual dizemos que uma pessoa se tornou nossa amiga. Quanto aos sentimentos, não se trata do tempo que se compartilha, mas da qualidade do tempo compartilhado. Duas pessoas podem estar juntas todos os dias e não saber nada uma da outra; ao contrário, outras pessoas que se encontram três vezes por ano podem ter uma conexão muito íntima.

No entanto, é incontestável que, se ao tempo que compartilhamos com alguém somarmos a qualidade dos encontros, forja-se uma grande amizade.

Os ingredientes para que uma amizade perdure no tempo são o desejo de compartilhar e o respeito mútuo. O primeiro ingrediente nos permite conhecer os outros, compartilhar sentimentos, experiências, fantasias, temores, ilusões. Isso é o que nos une aos outros e cria vínculos afetivos significativos.

O respeito mútuo é necessário para dar valor ao outro. Em certas ocasiões, não estamos de acordo com aquilo que os outros nos dizem, sejam ideias, gostos, projetos, interesses, comportamentos, valores. No entanto, a partir do respeito é possível dialogar a respeito de qualquer ponto de vista e ser levado em consideração.

Se ao contar alguma coisa a um amigo sentimos que ele não presta atenção ou que nos julga sem se colocar em nosso lugar e sem tentar nos entender, aos poucos iremos compartilhando menos coisas com ele. Caso você tenha vivido isso alguma vez, vai reconhecer essa sensação. É horrível, não é mesmo?

## COMO RECONHECER OS AMIGOS QUE SOMAM?

No livro *Alegría*, escrito por Francesc Miralles e Álex Rovira, os autores nos apresentam as características das pessoas que nos permitem melhorar e nos desenvolver de forma saudável:

1. Sabem ouvi-lo, sem emitir julgamentos desnecessários, e fazem as perguntas certas para aprofundar o assunto, porque se interessam sinceramente por você.
2. Sua vida é um exemplo que motiva você a fazer as coisas melhor.
3. Quando você compartilha espaço com essas pessoas, se sente imediatamente melhor.
4. Ajudam-no, com senso de humor, a relativizar os problemas e a não ficar preso em circuitos mentais fechados.

Em síntese, o tempo que você leva sendo amigo de uma pessoa não é tão importante quanto o respeito e a sinceridade que há nessa relação. E se você sente que uma amizade chegou ao fim, o que costumo dizer é: "Ou some ou suma."

## A felicidade só é real quando compartilhada

Christopher McCandless foi um jovem estadunidense que, na década de 1990, resolveu largar tudo para se lançar na aventura de atravessar o país com poucos recursos, até chegar ao Alasca. Lá, viveu isolado de qualquer ser humano, integrado à natureza selvagem. Morreu ao comer umas frutinhas venenosas, na mais absoluta solidão. É provável que você conheça a história dele pelo filme *Na natureza selvagem*, dirigido por Sean Penn.

O jovem solitário resolveu realizar essa aventura porque sentia que não se encaixava na sociedade em que vivia, nem sequer na própria família. E sentia-se capaz de viver por conta própria, sozinho. A frase que encabeça este trecho foi escrita pelo próprio Christopher antes de morrer. Talvez toda sua experiência tenha lhe servido para valorizar e aceitar a verdadeira natureza do ser humano: não somos capazes de sobreviver sozinhos.

No entanto, contradizendo o jovem aventureiro no que disse, a felicidade pode, sim, ser real sem ser compartilhada. É o que apontam os solósofos.

Por um lado, é inegável que necessitamos dos outros, que não somos autossuficientes. Não contamos com todo o conhecimento nem com todas as habilidades para nos desenvolver sozinhos, nem no nível material, nem no nível emocional. Quanto a este último, precisamos dos outros para desenvolver vínculos de apego que nos tragam segurança. E os amigos são um excelente meio para criar afetos saudáveis.

Por outro lado, como vimos no capítulo dedicado aos sentidos, podemos ter experiências prazerosas que nos deem felicidade sem ter que compartilhá-las. Nós as sentimos da nossa maneira. São os nossos sentidos e o nosso cérebro que nos fazem vivê-las de maneira especial.

É verdade, também, que quando acrescentamos palavras ao que experimentamos, a sensação se enriquece. Por exemplo, quando sentimos frio, pensar nele nos faz percebê-lo muito mais, ou quando achamos algum perfume muito agradável, atribuir palavras e adjetivos a essa impressão faz com que ela nos chegue de forma mais intensa.

Nomear o que sentimos, contudo, não está submetido, necessariamente, a ter que compartilhar com os outros. Se, além de sentir, pensamos no que sentimos e o dizemos a nós mesmos, essas sensações também serão vividas mais plenamente.

Então, de fato, tanto faz com quem vamos a um show, viajamos ou passeamos. O que você vive e, sobretudo, como vive, não tem nada a ver com o que a pessoa que está a seu lado experimenta. E a carga emocional do que viver virá junto com as palavras que usar para descrever isso.

A felicidade é você quem sente, e tem sentido e valor em si mesma.

## Obrigado, mas eu tenho que fazer isto sozinho

É provável que você tenha uma lista de coisas que gostaria de fazer em seu tempo livre e não faz porque não encontra companhia para fazê-las. Talvez sejam coisas que agradem só a você, mas se sente desconfortável ao fazê-las sem um amigo ou acredita que os outros vão achar que não tem algum.

Sim, é verdade. Talvez pensem que você não tem amigos, mas ninguém vai poder negar que você é corajoso por fazer as coisas que o agradam sozinho.

Lógico que gostamos de fazer as coisas acompanhados de amigos ou pessoas que nos fazem bem. Pelo menos muitas delas. Existem outras, porém, que não podemos fazer com qualquer outra pessoa. Como diz Haruki Murakami: "Há coisas na vida que são para fazer em companhia e outras a sós." E conhecer essa diferença é o que vai lhe trazer equilíbrio e sensação de plenitude.

Se parar para refletir, você pode escolher entre fazer quase tudo na vida sozinho ou acompanhado. Há duas coisas, porém, que ninguém pode fazer com você ou por você: cuidar do seu corpo e da sua mente.

Quanto à primeira, cuidar do corpo, por mais que os outros lhe digam para combinar de caminhar juntos, lhe proponham comer de forma mais saudável ou o incentivem a parar de fumar, é uma coisa que só você pode decidir. Inclusive quando estamos doentes e alguém nos traz uma sopa ou um remédio, se não quisermos tomá-lo, não o tomaremos. Podem estar presentes e nos acompanhar no processo de cuidar do nosso corpo, mas se nós não quisermos nos restabelecer, é lógico que não o faremos.

Com o processo de terapia, Quique transformou a dependência emocional que tinha em relação aos seus parceiros e amigos de toda a vida a partir da solosofia. Surpreendeu-me um dia ao me dizer no consultório: "Muitas vezes aceito fazer planos com amigos e penso: 'Droga, será um tempo em que não vou estar comigo mesmo, seguindo minhas rotinas e minha alimentação, que descobri que necessito, que gosto e que me fazem estar bem por fora, mas também por dentro.'"

A outra coisa que ninguém pode fazer por nós é cuidar da nossa saúde mental. Ela tem a ver com os pensamentos que escolhemos ter e o tempo que dedicamos à introspecção. Quantas vezes seus amigos lhe disseram "Esqueça sua ex, ela não merece que você dedique nenhum pensamento a ela", e você teima em lembrar-se dela. Por mais que seus amigos lhe digam, só você pode fazer esse exercício e escolher para onde vai dirigir sua atenção.

A mesma coisa acontece com a introspecção. Ela se refere ao tempo e ao espaço que dedicamos para refletir sobre nossas ações, nossos sentimentos e planos para o futuro. Ninguém pode fazer isso por você. No entanto, é importante — e até necessário — compartilhar as conclusões de tal introspecção com nossos amigos. O processo reflexivo, entretanto, você não pode fazer com ninguém.

Todo o restante, desde ir a um museu, a um parque de diversões, viajar, sair para correr, ir jantar fora, caminhar pela natureza... absolutamente todo o restante, você pode escolher fazer sozinho ou acompanhado.

Para concluir, e como lembrete, não se esqueça de que o respeito nos relacionamentos, começando pelo que dá a si próprio, é a chave para viver em liberdade e desfrutar estar em sua própria pele.

## FELIZ DENTRO E FORA DO ESCRITÓRIO

Trabalho remoto. Há pouco tempo era algo que não sabíamos bem em que consistia. Conhecíamos alguém que trabalhava dessa maneira, especialmente os autônomos, mas duvidávamos de sua efetividade, de que trabalhando de casa a pessoa pudesse ser tão produtiva quanto no escritório. Entre ligar a máquina de lavar, preparar a comida, distrair-se com qualquer coisa e não ter olhos em seu cangote para evitar que você se levante da cadeira mais do que o necessário, como não se dispersar e ser 100% produtivo?

Sem qualquer aviso, a pandemia provocada pela Covid-19 em 2020 fez com que todos nos adaptássemos, bem ou mal, ao trabalho remoto. E contra os temores e preconceitos, os dados apontam que o trabalho remoto representou um aumento de 30% da produtividade das empresas em nível mundial. Mais horas trabalhadas e menos pausas e deslocamentos são algumas das vantagens identificadas por diferentes estudos. Esses benefícios fizeram com que, no momento de conclusão deste livro, 58% dos empregados mantivessem o trabalho remoto ou o emprego híbrido.

### A solidão do trabalhador

À margem dos benefícios que o trabalho remoto significa para uma empresa, do tempo que se ganha ao eliminar os deslocamentos e da diminuição dos níveis de ausências, existe um aspecto negativo que não podemos simplificar: o sentimento de solidão.

O trabalho não é apenas uma fonte de receita e o lugar no qual usamos nossos conhecimentos, inatos ou adquiridos, e nossa criatividade. Também é um ambiente onde desenvolvemos nossos relacionamentos com os outros.

Estes podem ser muito variados, pois não tratamos da mesma maneira a coordenadora e um colega ou os clientes. Percebemos essas diferenças, especialmente na comunicação não verbal, pois 90% do que transmitimos se faz por meio de gestos, olhares, tom de voz, expressões faciais... Nós nos adaptamos à pessoa que está na nossa frente e nos relacionamos de diversas formas, de maneira verbal e não verbal.

Como vimos no capítulo anterior, o sentido do tato nos une mais aos outros e nos reconforta. No trabalho, dar um tapinha nas costas ou um abraço, compartilhar o tempo do café ou do almoço representam muito mais do que pensamos, pois esses gestos simples criam sinergia, segurança e fortalecem os laços sociais.

## SÍNDROME DE *BOREOUT*:
## SENTIR-SE ENTEDIADO NO TRABALHO

Há muitos anos conhecemos bem o termo *burnout* (ou estar "esgotado" no trabalho). O estresse, o excesso de trabalho e de responsabilidades e a consequente falta de esperança têm levado muitos trabalhadores a recorrer a atestados médicos e até mesmo a renunciar a seus postos de trabalho.

No lado oposto do *burnout* encontramos o *boreout*. Em 2007, Philippe Rothlin e Peter R. Werder criaram esse termo para descrever a sensação de "estar entediado no trabalho". São extremos opostos de um contínuo, mas ambos são igualmente prejudiciais à saúde dos trabalhadores.

Um estudo de Dan Malachowski, do grupo financeiro Baron, concluiu que 33% dos entrevistados diziam que o trabalho exercido por eles não apresentava desafio algum e passavam, em média, duas horas por dia nas redes sociais para matar o tempo. A mesma pesquisa afirmou que 15% do pessoal dos escritórios, em nível mundial, se entediam com o trabalho.

Apesar de muitos pensarem que não fazer nada no trabalho é um sonho maravilhoso, na realidade essa coisa de "ser pago para não fazer nada", é totalmente diferente: a obrigação de estar no trabalho durante horas sem saber o que fazer é uma situação desmotivante.

O *boreout* acontece mais em situações presenciais, pois a sensação de "estar esquentando a cadeira" sem ter nada para fazer é devastadora.

A psicóloga Gabriela Paoli, em seu livro *Salud digital [Saída digital]*, afirma que "quando não se vai ao trabalho se reduz a motivação (dos trabalhadores)". A falta de motivação profissional costuma ser acompanhada de apatia, solidão, tédio, cansaço, falta de reconhecimento.

## Você sabe que tipo de trabalhador você é?

Não existem fórmulas nem protocolos universais para quase nada. Para nada, ouso dizer. E muito menos na hora de trabalhar. No entanto, a partir da solosofia, se define a ideia de que quanto mais você se conhece, mais feliz e livre vai ser. Suas decisões vão estar em sintonia com o que você é, com o que deseja e faz.

Na Espanha existem três modalidades de trabalho, com características diferentes. Vou explicá-las:

1. *Trabalhar por conta própria*. Aqui entram os autônomos e *freelancers*. Não têm chefes ou colegas, salvo em alguns casos; em geral, tampouco têm salário fixo. A criatividade e a motivação é o que mais os impulsiona e os faz prosperar.
2. *Trabalhar para alguém*. Um autônomo ou empresário vê seu negócio prosperar e decide contratar pessoas. Há chefes, colegas, horários, local de trabalho e salários fixos. Há risco de demissão se não fizer bem o trabalho, e a criatividade e a motivação dependem do envolvimento que o trabalhador tenha e do incentivo que obtenha de seus superiores.
3. *Ser concursado*. Para obter este posto de trabalho é feita uma prova, e, se aprovado, o trabalho é ga-

rantido por toda a vida. O trabalho está a serviço da sociedade. Não há risco algum, mas, sim, salário e horários fixos, assim como lugar de trabalho e colegas (a menos que haja transferências ou provas para melhorar de posição). Pouca supervisão e pouca criatividade no trabalho.

Provavelmente, ao vê-lo descrito assim, de modo tão detalhado, você tenha tomado consciência do tipo de trabalhador que é. A questão é: ajusta-se a quem você realmente é?

Alberto, empreendedor em uma empresa de segurança cibernética, trabalha em casa e luta para levar sua empresa adiante. Um dia me disse:

> — *O que mais sinto falta no meu trabalho é de colegas a quem possa apoiar e de quem receber apoio, rir, desabafar, nos motivar juntos. Porque o trabalho autônomo, embora apaixonante, desgasta muito. Lá fora tem muitos tubarões e muitas víboras dispostos a te destruir. E enfrentar isso sozinho é duro.*
>
> — *Nós, psicólogos, também trabalhamos sozinhos, embora estejamos o dia inteiro acompanhados. Mas uma coisa que me ajuda muito é ter um grupo de supervisão dos casos, onde compartilhamos, em completo anonimato, os casos que estamos tratando. Isso nos ajuda a ter outra perspectiva e é enriquecedor.*

## EXERCÍCIO: QUANDO CRESCER, QUERO SER...

Com o apoio da descrição dos tipos de trabalho que existem e com a intenção de que você se conheça um pouco mais, vamos descobrir a que você gostaria de se dedicar. E, se já estiver trabalhando, se seu trabalho está de acordo com quem você é.

Para descobrir isso, vamos contar com a ajuda do pedagogo Ken Robinson e seu revelador ensaio "El elemento". Nele o autor nos fala da confluência de nossa vocação com nossas aptidões. Quando você faz aquilo por que tem paixão, afirma Robinson, se sente cheio de energia, se entrega por inteiro ao que está fazendo e está plenamente consciente disso.

Para descobrir qual é o seu "elemento", reflita sobre o que torna você especial, aquilo por que sente paixão. Certamente há algo que faz com que, quando se dedica a isso, tudo pareça fluir.

Quando tiver encontrado, avalie se está em um trabalho sintonizado com seu "elemento". Caso contrário, isso não significa que tenha que abandonar tudo e se dedicar plenamente a ele. Pelo menos não no começo, de maneira repentina. No entanto, você pode dedicar, a cada dia, um pouco mais de seu tempo e sua energia àquilo por que tem paixão. Trata-se de você transformar aquilo que o faz fluir em seu emprego, para que você não tenha a sensação de que está trabalhado, mas desfrutando seu "elemento".

*— Ah! Que interessante. Eu talvez pudesse comentar com alguns companheiros de mestrado. É uma maneira de seguir com seu caminho, mas ainda assim parando para descansar e carregar a bateria para prosseguir.*

Nessa sessão, Alberto se deu conta de que nada é estanque, de que as fórmulas e maneiras de trabalhar existem para que possam ser combinadas e adaptadas aos novos tempos, mas, sobretudo, a cada um.

O trabalho acaba ocupando um terço da nossa vida adulta. O trabalho perfeito não existe, mas existem, sim, pessoas que não temem se arriscar, criar, fazer pedidos a seus chefes. Existem pessoas que não temem se conhecer, para assim dar o melhor de si mesmas.

Portanto, a solosofia não defende ter um trabalho solitário e tampouco um no qual você esteja cercado de pessoas. Trata-se de criar uma maneira de trabalhar que faça você sentir que está dando à sociedade o melhor de si e também o faça feliz.

# 5

## PRIMEIROS SOCORROS DA SOLOSOFIA

## ROMANCES

1. *Todos os homens são mortais* (1946), Simone de Beauvoir
A autora imagina um homem imortal entre todos os mortais. Depois de vários séculos, a experiência é desoladora, pois todos aqueles que conhece vão morrendo, abandonando-o sem que ele possa evitar. A sensação de solidão profunda acaba sendo sua única companhia.

Ora, algo dessa experiência caracteriza a solidão dos adultos, especialmente quando muitos dos laços afetivos desaparecem porque as pessoas amadas morreram ou pelo distanciamento.

2. *O verão sem homens* (2011), Siri Hustvedt
Depois de trinta anos de casamento, o marido de Mia lhe pede um tempo. Esse pedido inesperado, consequência de uma aventura com uma colega de trabalho mais jovem que Mia, vai fazer com que esta sofra uma crise e seja internada em uma clínica. Depois de receber alta, Mia resolve voltar à cidade de sua infância, onde vai passar um verão inesquecível com as amigas de sua mãe e um grupo de meninas adolescentes às quais ministra uma oficina de poesia.

O *verão sem homens* é uma história de sororidade — irmandade entre mulheres — e um exemplo de que, às vezes, a felicidade se dá de uma forma que nunca teríamos imaginado.

3. *O assassinato do comendador* (2007), Haruki Murakami
O autor japonês mais aclamado no Ocidente aborda as grandes perguntas da existência nesse livro. Originalmente publicada em dois volumes, essa obra é um convite a questionarmos toda nossa realidade. O tempo, os pensamentos, a própria vida... tudo está em destaque nesse romance. O protagonista, chamado Tokiota — abandonado pela esposa e ainda ferido pela morte da irmã na adolescência —, vai nos levar às profundezas da solidão.

4. *Robinson Crusoé* (1719), Daniel Defoe
Um marinheiro de York, cujo barco naufraga, chega a uma ilha na qual lhe parece ser o único habitante. Quando por fim começa a se adaptar à solidão e a instalar-se nela, descobre uma tribo indígena canibal. Um dos prisioneiros da tribo, que Crusoé consegue libertar, se transforma em um bom amigo que vai ajudar o protagonista a enfrentar sua nova realidade. O êxito na vida é saber se adaptar a situações novas e sair dignamente delas, sejam quais forem as circunstâncias.

5. *Voyage d'une Parisienne à Lhassa* [A viagem de uma parisiense a Lhasa] (1927), Alexandra David-Néel
Este livro é o mais famoso da autora, conhecido no mundo inteiro, especialmente por sua célebre visita a Lhasa em

PRIMEIROS SOCORROS DA SOLOSOFIA

1924. Foi a primeira europeia que teve acesso à hermética capital do Tibete, na época uma cidade proibida aos estrangeiros. O livro é um diário que descreve oito meses de peregrinações em condições insólitas através de regiões em grande parte inexploradas. Uma ode à liberdade e à solidão escolhida como ponto de partida de uma transformação pessoal sem precedentes.

6. *Barcelona Blues* (2005), Francesc Miralles
Ricardo Boix é um músico aposentado e editor de livros de autoajuda para quem tudo está dando errado. Ele não consegue encontrar seu lugar no mundo. Nessa obra nostálgica e cheia de solidão, os obstáculos são uma constante sem fim aparente. A evolução do protagonista vai nos fazer pensar sobre a responsabilidade de cada um na construção da própria felicidade.

7. *Walden* (1854), Henry David Thoreau
Em sua obra-prima (originalmente *Walden; or Life in the Woods*), o autor narra os dois anos, dois meses e dois dias que viveu em uma cabana que ele mesmo construiu, afastado da civilização. Com esse projeto de vida solitária, ao ar livre, cultivando seus alimentos e escrevendo suas vivências, Thoreau demonstrou o poder curativo da natureza, do silêncio e da solidão.

8. *Pergunte ao pó* (1939), John Fante
O jovem aprendiz de escritor Arturo Bandini, *alter ego* do autor, luta pela dura sobrevivência diária na Los Angeles da década de 1930. Incapaz de mostrar seus verdadeiros

sentimentos à mulher, Arturo se vê condenado a uma destrutiva relação de amor e ódio enquanto sonha em alcançar a glória pela literatura. Nessa história igualmente cheia de amor e dor, descobrimos um homem que se assusta com seus sentimentos e consegue se tornar consciente de seu mundo interior.

9. *Instructions for a Funeral* [Instruções para um funeral] (2019), David Means
Nesse livro o autor reflete sobre o adultério, a paternidade, as amizades traídas, o ódio de classes, o vício e a solidão. É uma maravilhosa coletânea de contos em que os personagens — todos eles com o denominador comum da infelicidade — tentam sobreviver a partir do sentimento de inferioridade, de viver além das respectivas possibilidades ou de enfrentar a vida inconscientemente. Qualquer coisa com o objetivo de não confrontar a si mesmos nem questionar seu modo de ver e viver o mundo.

10. *O barão nas árvores* (1957), Italo Calvino
Esse romance narra as aventuras de um menino que sobe em uma árvore para passar o restante da vida nela. Trata-se de uma metáfora da independência individual e das consequências de levá-la ao extremo. Segundo o próprio autor, a obra é um retrato do momento em que "uma pessoa se estabelece voluntariamente uma regra difícil e a segue até as últimas consequências, já que sem ela não seria ele mesmo nem para si nem para os outros".

## FILMES

1. *Ela* (2013), dirigido por Spike Jonze. Título original: *Her*
Em uma Los Angeles de um futuro próximo, Theodore Twombly se transformou em um homem solitário, introvertido e deprimido após seu recente divórcio. Um dia resolve comprar um sistema operacional que inclui um assistente virtual com inteligência artificial (IA), criado para se adaptar e evoluir. A IA chama a si mesma de Samantha, e Theodore fica tão fascinado por ela que se sente atraído e em estado de paixão. O que acontece, contudo, quando alguém se apaixona por uma pessoa que nunca existiu? O sentimento de solidão é devastador.

2. *Amantes eternos* (2013), dirigido por Jim Jarmusch. Título original: *Only Lovers Left Alive*
Conta a história de um casal de eternos amantes vampiros, frágeis e sensíveis, que têm um ao outro como apoio e motivação em sua longa e eterna vida. O sentimento de desolação, abandono e desmotivação, devido à finitude, se apodera deles, século após século. Eles conseguirão continuar suportando essa vida na qual todo mundo que conhecem acaba morrendo?

3. *Perdido em Marte* (2015), dirigido por Ridley Scott. Título original: *The Martian*
Quando astronautas decolam do planeta Marte, deixam para trás Mark Watney, supostamente morto depois de uma tempestade feroz. Com apenas uma pequena quantidade de suprimentos, o visitante abandonado precisa usar

sua inteligência e presença de espírito para encontrar uma maneira de sobreviver no planeta hostil.

Esse filme nos mostra a importância da resiliência, da vontade de viver e do poder de renascer de experiências inimagináveis.

**4.** *Gravidade* (2013), dirigido por Alfonso Cuarón. Título original: *Gravity*
Nessa operação espacial fracassada, protagonizada por Sandra Bullock e George Clooney, desencadeia-se um desastre em uma expedição de rotina. A destruição da nave espacial deixa os protagonistas sozinhos no espaço, unidos um ao outro e dando voltas no escuro. Uma história profundamente humana, que trata do vazio das perdas, da impotência e do esgotamento diante da vida, e a importância de sentir o amor dos outros, inclusive na mais absoluta solidão, para ser criativos e sobreviver.

**5.** *Na natureza selvagem* (2007), dirigido por Sean Penn. Título original: *Into The Wild*
Baseado no livro homônimo, escrito por John Krakauer em 1995. Narra a história do jovem Christopher McCandless, que resolveu se afastar da sociedade depois de ter concluído a universidade, devido a circunstâncias vividas desde criança, como os problemas familiares que levaram à ruptura dos laços afetivos com os pais. O gosto pela literatura naturalista e existencialista de Tolstói e Thoreau o levam a decidir destruir todos os seus documentos de identificação e cartões de crédito para se transformar em um andarilho e, assim, abandonar o mundo civilizado, rumo ao Alasca. Na

PRIMEIROS SOCORROS DA SOLOSOFIA

parte mais extrema dessa viagem iniciática, ele vai entrar em contato com a natureza mais selvagem para descobrir o verdadeiro sentido da vida.

6. *Corrida silenciosa* (1972), dirigido por Douglas Trumbull. Título original: *Silent Running*
No século XXI, a Terra se transformou em um lugar sem vida vegetal. Agora, a valiosa flora está em três naves espaciais botânicas situadas na órbita de Saturno. O botânico Freeman Lowell é o encarregado de cuidar da sobrevivência das espécies, até que recebe uma inesperada ordem de destruir todas elas e voltar à Terra. Isso vai se chocar com os valores do protagonista, que empreenderá uma cruzada espacial para defender a vida de que cuidara durante tanto tempo.

7. *Primavera, verão, outono, inverno... e primavera* (2003), dirigido por Kim Ki-duk. Título original: *Bom yeoreum gaeul gyeoul geurigo bom*
Nesse filme sul-coreano, dois monges vivem em um monastério isolado. Sob o atento olhar do mais velho, e com a natureza como metáfora perfeita para descrever as etapas da vida, o monge mais jovem vê passar as estações da vida. Tudo é mudança, evolução e transformação. A resposta está em como escolhemos viver.

8. *A vida secreta de Walter Mitty* (2013), dirigido por Ben Stiller. Título original: *The Secret Life of Walter Mitty*
Um tímido funcionário da prestigiada revista *Life* consegue fugir de sua existência monótona imaginando que é o

protagonista de grandes aventuras, além de desfrutar seu trabalho. Mas tudo muda no dia em que lhe informam sobre uma reestruturação do quadro de funcionários devido ao fato de que deixariam de publicar a revista em formato impresso, passando ao digital. Isso vai implicar demissões e os novos chefes exigem que seja encontrado o negativo da fotografia enviada pelo famoso fotógrafo Sean O'Connell, para a próxima e última capa.

Esse *remake* do filme dirigido por Norman Z. McLeod em 1947, por sua vez inspirado em um relato de James Thurber, nos convida a fazer-nos uma pergunta muito simples: você está realmente satisfeito com sua vida e com o que faz dela? Se não estiver, mude.

9. *Mesmo se nada der certo* (2013), dirigido por John Carney. Título original: *Begin Again*
A paixão pela música leva Gretta e Dave, namorados desde o colégio, a Nova York. Quando alcança o sucesso e a fama, Dave abandona Gretta e ela fica completamente desolada. Um filme sentimental longe de ser bobo, que trata da importância da amizade, da lealdade, da música como fonte de esperança, mas, especialmente, sobre começar a sonhar novamente quando a vida que tínhamos planejado desmorona por completo.

10. *Soul* (2020), dirigido por Pete Docter e Kemp Powers. Título original: *Soul*
Em um dos filmes mais profundos da Disney e da Pixar, Joe tem uma experiência que o deixa à beira da morte depois de

sofrer um acidente. O que vai viver entre os dois mundos o fará repensar sua existência monótona e lhe mostrará o valor da vida. Presenteado com uma segunda oportunidade de viver, vai confessar: "Não sei o que vou fazer da minha vida, mas sei que vou viver cada minuto." Trata-se de uma brilhante ode a exprimir cada momento ao máximo.

## CANÇÕES

1. "Algunas veces", José Luis Perales
   *Algumas vezes*
   *No esquecimento, estás acompanhado*
   *Pensando em alguém*
   *Ou com seu velho livro entre as mãos*
   *Ou em uma praia*
   *Contando seus segredos ao mar*

   *Às vezes você sente solidão estando acompanhado*
   *E ouve uma palavra sem valor*
   *E brota um sorriso sem verdade*

Estar acompanhado nem sempre é sinônimo de sentir-se acolhido, nem estar com si mesmo é sinônimo de sentir-se só. Em "Algunas veces", Perales nos lembra de que o sentimento de solidão ou de companhia ultrapassa a fronteira que cerca você, que é mais um estado interno, que o acompanha independentemente do mundo exterior.

Composta por José Luis Perales, 2019.

## 2. "Que se llama soledad", Joaquín Sabina

*Às vezes costumo recostar*
*Minha cabeça no ombro da Lua*
*E lhe falo dessa amante inoportuna*
*Que se chama solidão*

A sensação de perda e vazio nos leva a vagar procurando alguma coisa que possa fazer nossa alma se sentir melhor, mas não é simples livrar-se dessa amante inoportuna chamada solidão.

Composta por Joaquín Sabina, 1990.

## 3. "Solitude Standing", Suzanne Vega

*A solidão está à porta*
*E sou surpreendida mais uma vez por sua silhueta*
*sombria*
*Por seu longo olhar frio e seu silêncio*
*De repente recordo cada vez que nos encontramos*

Às vezes a solidão chega sem que queiramos encontrá-la. Desejaríamos estar em outro lugar, cercados de pessoas, como Suzanne Vega em "Solitude Standing". A solidão nos recebe, recordando-nos de que já nos conhecíamos. Uma situação diferente, uma mesma sensação. Às vezes a silhueta da solidão nos abraça, e a única coisa que podemos fazer é nos aconchegar em seus braços e deixar-nos levar.

Composta por Stephen Ferrera, Anton Sanko, Marc Shulman, Suzanne Vega, Michael Visceglia, 1987.

4. "Charlize SolThéron", Love of Lesbian
*Porque na vida o que importa*
*É ser patriota de si mesmo*
*E que seu hino de vitória*
*Não mencione a palavra amor*

O amor de casal não é tudo, diz Love of Lesbian em sua canção cujo título é como uma piadinha, "Charlize SolThéron". O que importa na vida é estar bem consigo mesmo, o verdadeiro amor da sua vida.

Composta por Santi Balmes, Daniel Ferrer e Julián Saldarriaga, 2019.

5. "Dancing With Myself", Billy Idol
*Quando não há nada a perder e não há nada*
*a provar*
*Bem, estou dançando comigo mesmo*

A libertação que encontramos na solidão: não ter que fazer nada por alguém. Simplesmente poder ser quem somos na realidade, sem máscaras, sem medos.

Composta por Billy Idol e Tony James, 1981.

6. "Only the Lonely", Roy Orbison
*Só os solitários*
*Sabem como me sinto esta noite*
*Só os solitários*
*Sabem que este sentimento não é bom*

O grande sucesso de Roy Orbison é uma das grandes baladas da história do rock. Só quem experimentou a solidão de um desamor pode entender o que atravessa alguém nesses momentos, diz a canção. O paradoxo é que, possivelmente, todos já passamos por essa emoção na vida. Talvez amanhã possa haver um novo romance e não haverá mais pesar, sentencia Orbison.

Composta por Roy Orbison e Joe Melson, 1960.

7. "How To Fight Loneliness", Wilco
   *Como lutar contra a solidão*
   *Sorria o tempo todo*
   *Faça brilhar seus dentes até não ter mais sentido*
   *Afiá-los com mentiras*
   *Só sorria o tempo todo*

"Faça como se fosse e acabarás sendo", poderia ser a recomendação dessa música para os dias cinzentos de solidão. Se você se sentir só e triste, sorria todo o tempo, conte para si mesmo mentiras que o façam se sentir bem. Não pare de sorrir, e tudo vai voltar ao seu curso.

Composta por Jay Bennett e Jeff Tweedy, 1999.

8. "Y vuelo...", Vanesa Martín
   *Embora seja longe daqui*
   *Aprendi que há que viver*
   *Embora seja longe daqui*
   *Tomo ar e voo*

A canção nos fala de fins e, consequentemente, de novos começos. Quando uma coisa acaba, vai haver espaço para que o novo chegue. A vida nos convida a deixar ir, fluir e confiar, para que as novas possibilidades se apresentem diante de nós. Tomo ar e voo.

Composta por Vanesa Martín, 2020.

9. "Como si fueras a morir mañana", Leiva
*Faça-o!*
*Como se já não fosse jogar mais nada*
*Como se fosse morrer amanhã*
*Embora o veja muito longe*

Atreva-se, nos diz Leiva. A vida é curta demais para vivê-la com medo. Do que mais nos arrependemos é do que não fizemos, por isso viva e desfrute. Não fique ancorado no passado.

Composta por José Miguel Conejo Torres, 2019.

10. "Ain't Got No, I Got Life", Nina Simone
*Não tenho pai, não tenho mãe*
*Não tenho filhos, não tenho irmãs acima*
*Não tenho terra, não tenho fé*
*Mas o que tenho?*
*Deixe-me lhe dizer o que tenho*
*Que ninguém vai me tirar*
*Tenho a vida, tenho minha vida*

Nina Simone começa a canção com o que poderia parecer um lamento, enumerando tudo aquilo que não tem: dinheiro, educação, família, casa, amor etc. Mas acaba com uma mostra de empoderamento vital, voltando a atenção para o que tem: ela própria, sua vida. E isso é tudo. A vida não é o que acontece, mas como você a interpreta. A realidade é neutra, tudo depende de você.

Composta por James Rado, Gerome Ragn e Galt MacDermot, 1968.

## EPÍLOGO:
## OS 10 SEGREDOS DOS SOLÓSOFOS

1. Estar só e sentir-se só não são a mesma coisa. Saber a diferença e escolher quando se acompanhar na vida vai ajudar você a crescer emocionalmente.
2. Esqueça os preconceitos e o que sua vida "deveria ser". Só assim vai poder descobrir quem você é de verdade.
3. Se você está procurando a pessoa que vai mudar sua vida, olhe no espelho.
4. A partir da solosofia, se entende e se defende que, quando dois indivíduos decidem começar um relacionamento, a tarefa mais importante na construção de um casal é não renunciar à vida pessoal prévia.
5. Os pensamentos e estados de humor vêm e vão, e nos fazem transitar entre o passado e o futuro. Seus sentidos o ancoram no presente, a esta dádiva que é a vida. Não renuncie a nenhum deles.
6. Cuide e regue com frequência seus jardins secretos, esse terreno à margem de seu parceiro, cheio de flores e árvores, onde você pode se deleitar com seus senti-

dos, seus gostos e suas reflexões. Procure o equilíbrio em sua vida e em seu relacionamento.

7. A família faz parte de quem somos, mas não nos define. Reforce as relações que tem com ela para ter raízes firmes, mas não se ancore. Voe alto.

8. Desfrute a companhia de seus amigos e amplie seu círculo social o máximo que puder. E lhes recorde que, se você precisa dedicar tempo para se conhecer e desfrutar a sós, isso não significa que goste menos deles.

9. Procure o equilíbrio entre fazer seu trabalho de forma individual e cercar-se de colegas e profissionais que o inspirem a crescer profissionalmente e alcançar seus objetivos.

10. Ninguém pode sentir a vida como você. A felicidade também é real quando não é compartilhada.

## AGRADECIMENTOS

Muitas pessoas me acompanharam na aventura de escrever este livro e em toda minha descoberta pessoal da solosofia. Aqui vai meu agradecimento a todas elas:

A Francesc Miralles, por tantos anos de amizade, acompanhando-me agora nesta nova viagem. E por esse *Important & Crazy Stuff Team* que formamos.

A Anna Periago, por imaginar este livro antes de mim mesma, e a RBA por confiar em nós.

A Agência Literária Sandra Bruna, por dar luz e brilho ao projeto.

A Alberto Borja, por olhar para este livro com tanto carinho e atenção.

A Juan Ignacio, porque amo que, dia após dia, tenhamos nos escolhido para crescer, compartilhar e sentir.

A Marian Martorell, por ser família e lar. Sempre. E a Carlotta e Mattia, porque vocês são luz cálida em minha vida.

A meu avô, por me lembrar de quais são minhas raízes.

A Toni Camacho, por me ajudar a descobrir partes do mundo que eu não conhecia, sobretudo do meu mundo interior. E por encher minha vida de plantas e flores.

A Felisa Joan, porque o carinho e a amizade não têm nada a ver com idade.

A Àlex Rodríguez, porque adoro nossas eternas discussões, cheias de respeito e humor.

A Lauris Lopera, por todas essas horas de séries e conversas que fazem com que os dias de trabalho acabem melhor.

A Amparo Ruiz, por me ensinar a ver em mim a força, a coragem e o amor incondicional que você tem.

A meu psicólogo, Manuel, e a minha fisioterapeuta, Dani Alonso, por saberem entender e cuidar da minha mente e do meu corpo.

Às meninas do BBC, Mónica Gimeno, Amelia Oltra e Isabel Gimeno, pelos jantares em que descubro mais um pouquinho do mundo.

A Mónica Fuster, por me confiar o que você mais ama no mundo.

A Luis e Consuelo, porque os livros e a música clássica foram feitos para ser compartilhados com vocês.

A todos os meus pacientes, por me ensinarem tanto; vocês são meus mestres. Sem vocês, este livro não teria razão de ser.

E a você, solósofo, que dedicou seu tempo a ler este livro. Obrigada!

Este livro foi composto na tipografia Sabon LT Pro,
em corpo 11,5/15,5, e impresso em
papel off-white no Sistema Cameron da
Divisão Gráfica da Distribuidora Record.